Markus Landerer, Claus Süss,
Robert Schediwy

Wiener Wahrzeichen

Markus Landerer, Claus Süss,
Robert Schediwy

Wiener Wahrzeichen

Verschwunden, entstellt, bedroht

LIT

Bildquellen

Archiv der Stadt Wien: 28; Christian Chinna: 34; Markus Landerer: 91, 101, 106–114; Martin Gerlach: 35, 82; Sammlung Dieter Klein: 37–41, 43, 45, 61–65, 105; Sammlung Edgard Haider: 9–11, 13, 14, 27, 36; Sammlung Stadtbildverluste (Martin Kupf): 24, 23, 29–33, 48–60, 67–87, 89, 90, 92–100; Franz Votava: 44; Wikipedia Commons: 1–6, 12, 15, 16, 42 46, 47, 88, 101–103

Der Verlag ersucht die Besitzer allenfalls nicht abgegoltener Urheberrechte um Kontaktaufnahme

Bibliografische Information der Deutschen Nationalbibliothek
Die Deutsche Nationalbibliothek verzeichnet diese Publikation in der Deutschen Nationalbibliografie; detaillierte bibliografische Daten sind im Internet über http://dnb.d-nb.de abrufbar.

ISBN 978-3-643-50112-7

©LIT VERLAG GmbH & Co. KG Wien 2010
Krotenthallergasse 10/8
A-1080 Wien
Tel. +43 (0) 1-409 56 61
Fax +43 (0) 1-409 56 97
e-Mail: wien@lit-verlag.at
http://www.lit-verlag.at

LIT VERLAG Dr. W. Hopf
Berlin 2010
Verlagskontakt:
Fresnostr. 2
D-48159 Münster
Tel. +49 (0) 2 51-620 320
Fax +49 (0) 2 51-922 60 99
e-Mail: lit@lit-verlag.de
http://www.lit-verlag.de

Auslieferung:
Deutschland: LIT Verlag Fresnostr. 2, D-48159 Münster
Tel. +49 (0) 2 51-620 32 22, Fax +49 (0) 2 51-922 60 99, e-Mail: vertrieb@lit-verlag.de

Österreich: Medienlogistik Pichler-ÖBZ GmbH & Co KG
IZ-NÖ, Süd, Straße 1, Objekt 34, A-2355 Wiener Neudorf
Tel. +43 (0) 22 36-63 53 52 90, Fax +43 (0) 22 36-63 53 52 43, e-Mail: mlo@medien-logistik.at

Schweiz: B + M Buch- und Medienvertriebs AG
Hochstr. 357, CH-8200 Schaffhausen
Tel. +41 (0) 52-643 54 30, Fax +41 (0) 52-643 54 35, e-Mail: order@buch-medien.ch

Vorwort

Wien gilt immer noch und zurecht als eine der schönsten Städte Europas. Wer allerdings in den letzten Jahren mit offenen Augen durch das altstädtische Zentrum gewandert ist, musste vielfach Beunruhigendes, ja Alarmierendes feststellen. Vor allem die Dachlandschaft der zum UNESCO-Welterbe erklärten Innenstadt ist dabei, durch massive Dachausbauten, die sich häufig eher als Aufstockungen darstellen, ihren Charakter zu ändern. Weniger auffällig ist, wenigstens auf den ersten Blick, das Phänomen der Entkernungen alter Gebäude. Es lässt allerdings nur die vertrauten Fassaden intakt, dahinter wird in der Regel unter dem Druck, zusätzliche Flächenangebote zu schaffen, viel Wertvolles vernichtet. Beide Phänomene stellen sich als Produkte ökonomischen Verwertungsdruckes dar: Es müssen in den teuren und boomenden Citylagen zusätzliche nutzbare Quadratmeter herausgeholt werden – für Luxuswohnungen, für Büros, für Ausstellungs- und Veranstaltungszwecke.

Manche sehen in diesem Wandel gar kein besonderes Problem – die Stadt sei eben kein Museum, heißt es, und einen Wandel des Stadtbildes aus Gründen der Ökonomie und des Verkehrs habe es immer schon gegeben, Auch die Türme der mittelalterlichen Stadtmauer und die Basteien des 17. Jahrhunderts hätten eben weichen müssen. Darüber hinaus wird besonders von Seiten der Architektenschaft gerne der Anspruch angemeldet, mit eigenen Werken auch im historischen Zentrum prominent vertreten zu sein.

Andere, und es sind nicht wenige, zeigen sich besorgt und verweisen darauf, dass Wiens Altstadt langsam die Substanz ihrer Einzigartigkeit aufzuzehren beginnt.

Der vorliegende kleine Führer durch die Geschichte und Gegenwart der Wiener Stadtbildveränderungen widmet sich diesem heiß diskutierten Thema mit zwei unabhängig von einander entstandenen und jeweils selbständig verantworteten Gruppen von Beiträgen. Robert Schediwy gehört dem bewährten Team Klein-Kupf-Schediwy an, das um die Jahrtausendwende das höchst erfolgreiche Buch über die Wiens Stadtbildverluste seit 1945 herausgebracht hat. Er resümiert dessen Ergebnisse in leicht fasslicher Form und erweitert die Perspektive historisch bis ins Mittelalter. Auch der interessierte Wien-Tourist gewinnt so ein profiliertes Bild der Stadtentwicklung. Markus Landerer und Clauss Süss sind zwei Denkmalschutz-Aktivisten der jüngeren Generation. Sie haben das „Netzwerk Denkmalschutz" aufgebaut und den Verein „Initiative Denkmalschutz" gegründet und sie reflektieren mit profunder Sachkenntnis und polemischem Engagement vor allem die Entwicklungen der letzten zehn Jahre. Ihre Beiträge richten sich vornehmlich an Experten und fachlich besonders engagierte Laien. Reichliches Bildmaterial ergänzt und illustriert die im Text vorgebrachten Thesen.

Dies ist ein Buch, das viele zur Zustimmung und manche zum Widerspruch herausfordern wird. Gleichgültig lassen wird es nur wenige. Zu danken ist neben den Autoren vor allem Thomas Hofmeister, Richard Kisling, Charlotte Mally und Thomas Mally, ohne deren produktive Mitwirkung es nicht zustande kommen hätte können.

Inhalt

Wien im Wandel – eine historisch-kritische Übersicht   1
Robert Schediwy

Zur Geschichte der Altstadterhaltung in Wien   115
Claus Süss

Historisches Zentrum von Wien – Welterbe in Gefahr   135
Markus Landerer

Weltkulturerbe „Historisches Zentrum von Wien" – Fallbeispiele   157
Markus Landerer

Wien im Wandel – eine historisch-kritische Übersicht

Robert Schediwy

Das vorliegende kleine Buch soll an einige verschwundene oder bedrohte Wiener Orte und Bauwerke erinnern. Es richtet sich an Touristen und Einheimische. Dabei geht es nicht etwa um weinerliche Nostalgie, allerdings auch nicht um die Rechtfertigung unnötiger Zerstörungen und Banalisierungen. Alle drei Autoren sind der Überzeugung, dass der Prozess der Stadtentwicklung zwar notwendig Veränderungen nach sich zieht, dass dabei aber qualitativ hochwertige und von den Menschen geliebte Bauten und Ensembles nach Möglichkeit bewahrt werden sollten. Sie sind es, derentwegen die Bewohner an ihrer Stadt hängen, und sie ziehen auch die meisten Besucher aus dem Ausland an.

Der „Primat der Investoren" hat in den letzten Jahren diese an sich selbstverständliche Einsicht leider ein wenig zurückgedrängt. Das Buch „Stadtbildverluste Wien", an dem zwei der Autoren mitwirken durften, hat versucht, in diesem Sinn kritisches Bewusstsein zu schaffen. Der vorliegende Band fußt auf dieser umfangreichen Arbeit und wird immer wieder auf sie verweisen. Der vorliegende Abschnitt soll mit einer allgemeinen Übersicht ins Thema einführen.

Vom Mittelalter bis ins 19.Jahrhundert: Wien als Festungsstadt

Wien war seit dem Mittelalter die Hauptresidenzstadt der Habsburger, die – nach Aussterben ihrer großen Konkurrenz, der Luxemburger – die Kaiserkrone des „Heiligen Römischen Reiches Deutscher Nation" bis zu dessen Ende im Zeitalter Napoleons nahezu ununterbrochen inne hatten. Wien war und blieb Fürstenstadt – die architektonischen Denkmäler des Bürgerstolzes konnten sich hier weniger entwickeln als etwa in Flandern, Oberitalien oder in den freien Reichsstädten. Dennoch wies die wohlhabende Metropole seit dem 14. Jahrhundert eine Vielzahl bemerkenswerter Bauten auf. Diese waren einerseits im Bereich des sakralen Bezirks des Stephansdomes konzentriert, andererseits im Habsburgischen Hofburgkomplex und im Bereich des Hohen Marktes, des Zentrums der Bürgerstadt. Wenig davon hat überlebt. Der Stephansdom wurde zwar im Inneren barockisiert und hat durch den Brand am Ende des Zweiten Weltkriegs seine gotischen Glasfenster und den historischen Dachstuhl verloren. Er ist aber trotz vielfacher Reparaturen relativ intakt geblieben. Andere gotische Heiligtümer seines sakralen Bezirkes, namentlich der Heiltumstuhl und die Magdalenenkapelle, verschwanden im Laufe der Jahrhunderte wieder. Vor allem das 19. Jahrhundert hat dann tiefe und brutale Eingriffe in die Bebauung rund um den Dom gesetzt, ihn frei geschält und zum Kern dessen gemacht, was man heute Central Business District nennt – ein Prozess, der sich bis heute fortsetzt.

Andererseits war das 19. Jahrhundert auch eine Epoche sentimentaler Nostalgie. So wurde für die Theaterausstellung 1892 im Wiener Prater und für die darauf folgende Weltausstellung von Chicago ein Teil des mittelalterlichen Wiens rekonstruiert. Die dabei gezeigte Schranne vom Hohen Markt kannte man damals zwar nur mehr von alten Abbildungen wie jener Jacob Hoefnagels aus 1609, das Gerichtsgebäude mit dem charakteristischen Balkon, von dem aus die Urteile verlesen wurden, gab es schon seit den Umbauten des 17. Jahrhunderts in dieser Form nicht mehr. Das Bedauern über den Verlust charakteristischer Altwiener Bausubstanz blieb aber offenbar noch spürbar, selbst in einem Zeitalter ungeniertesten Stadtumbaus. Es ist vielleicht kein Zufall, dass die Großausstellung zum Thema *Alt Wien* im Wiener Künstlerhaus 2004 diese Rekonstruktion ins Zentrum rückte – verkörperte sie doch eine ebenso ambivalente Botschaft von Sentimentalität und Bereitschaft zur Veränderung. [1]

Das Wien des ausgehenden Mittelalters, wie wir es etwa in der genannten Ansicht von Hoefnagel etc. sehen, geriet allerdings zunehmend in eine militärisch gefährdete Randlage. Die zeitweilige Besetzung durch den Ungarnkönig Matthias Corvinus Ende des 15. Jahrhunderts verlief noch glimpflich. Nach dem Zusammenbruch des ungarischen Reiches in der Schlacht von Mohács (1526) gegen die Türken musste sich Wien allerdings mit wesentlich gefährlicheren Nachbarn auseinandersetzen. Zweimal, 1529 und 1683, wurde die Reichshaupt- und Residenzstadt von großen türkischen Armeen belagert.

Diese militärische Gefährdung Wiens hatte einen gravierenden Einfluss auf die Stadtgestalt. An die Stelle der relativ dünnen mittelalterlichen Steinmauern und Tortürme musste im Verlauf des 16. Jahrhunderts ein „modernes", der zunehmenden Verbreitung der Artillerie adäquateres Verteidigungssystem treten – eine Bastionsbefestigung mit dicken, durch Ziegeln verkleideten Erdwällen. Diese waren geeignet, die Energie auftreffender Kanonenkugeln elastisch aufzunehmen, während Steinmauern unter ihrer Wucht zersplitterten. Man sieht auf Ansichten der Zeit zwischen der ersten und der zweiten Türkenbelagerung noch ein Mischsystem beider Befestigungstypen,. Um 1683 dagegen ist der Ring der Bastionsbefestigungen bereits voll ausgeprägt.

„Verschwundenes Wien" sind also bereits im 17. Jahrhundert die – militärtechnisch überholten – mittelalterlichen Stadtmauern. Und das hatte Konsequenzen. Wo der militärische Druck und die Bereitschaft zur Verteidigung geringer waren, etwa

---

[1] Vgl: Wolfgang Kos/Christian Rapp (Hsg): Alt-Wien. Die Stadt, die niemals war, Ausstellungskatalog, Wien 2004

in der freien Reichsstadt Nürnberg oder vielen anderen Orten mit zeitweilig geringerer politisch-wirtschaftlicher Bedeutung, blieb der mittelalterliche Steinmauerkranz erhalten. Er konnte im 19. Jahrhundert als „malerisches" Element der Stadtgestalt wieder entdeckt und – durch zusätzliche breitere Tore „im alten Stil" – den Erfordernissen des Verkehrs und der Wirtschaft angepasst werden.[2] Eine Bastionsbefestigung eignet sich allerdings viel weniger zur „Umfunktionierung". Sie konsumiert viel Platz, auch in ihrem Erfordernis eines „Glacis", eines freien artilleristischen Schussfeldes vor den mächtigen Mauern – und sie behindert den Verkehr viel mehr als eine leicht zu durchbrechende Steinmauer mittelalterlichen Typs.

So zeigte sich das Paradoxon, dass dieser „modernere" Typ der Stadtbefestigung im Modernisierungsprozess des 19. Jahrhunderts viel weniger Chancen hatte zu überleben als mittelalterliche Mauern und Türme[3].

Die Basteien mit ihren engen und architektonisch eher unspektakulären Toren wurden zurecht schon in der Aufklärungsepoche des Josefinismus als „erstickend" für den Verkehr mit den Vorstädten empfunden. Ihr Volumen und das breite, unbebaute Glacis davor erregten zudem die Begehrlichkeiten der Immobilienspekulation. So sind in europäischen Großstädten kaum Reste dieses einst verbreiteten Typus von Fortifikation erhalten geblieben. Auch das Wien der Basteien und des 1704 errichteten Linienwalls (heute Gürtel) ist verschwunden. Ein winziger Rest der Basteien findet sich allerdings noch gegenüber der Universität (Löwelbastei), und auch das jüngst zum Hotel mutierte Palais Coburg steht noch mit seiner Schauseite „auf der Bastei".

Über Jahrhunderte freilich wurden die – nach 1683 kaum mehr militärisch genutzten – Basteien und ihr Vorfeld, das Glacis, von den Bürgern als beliebter Spazier- und Freiraum genutzt. Von der Höhe der Mauern aus hatte man einen prächtigen Ausblick auf die seit dem frühen 18. Jahrhundert sich ausbreitenden Gartenpalais des Adels in den Vorstädten. Bis auf die staubige Öde des Exerzierplatzes im Bereich des heutigen Rathauses wurde das Glacis im 18. Jahrhundert immer mehr zum Grünraum und Naherholungsgebiet. Alleen durchzogen seit einer 1781 ergangenen Verordnung von Kaiser Josef II die breite Freifläche, und von hier aus bot sich wieder ein beeindruckendes Panorama der von Basteien umkränzten Stadt. Auch wenn größere Teile dieses Grüngürtels als Parkanlagen erhalten geblieben sind – der „Stadtpark" (anstelle des alten Wasserglacis), der Rathauspark, Volks- und Burggarten – die um 1880-90 grassierende Trauer vieler älterer Wiener um ihr „Altes Wien" der Basteien ist durchaus verständlich.[4]

---

[2] Vgl. Wilhelm Schwemmer: Die Stadtmauer von Nürnberg. Verluste und Erhaltung im 19./20. Jahrhundert, Nürnberg 1968
[3] Erhalten gebliebene Bastionsbefestigungen finden wir in der Regel nur bei entwicklungsmäßig „steckengeblieben" Städten, etwa bei Lucca und Palmanova in Italien.
[4] Diese Nostalgie reichte noch weit ins nächste Jahrhundert.Vgl. E. F. Weiss: Wien 1827. Vier Wochen in Wien. Basteien, Thore und Thürme. Ein Taschenbuch für alle Diejenigen, die das Wien vergangener Tage mit allen seinen Merkwürdigkeiten, Seltsamkeiten und verträumten Schönheiten genießen wollen.(Wien 1930)

Unter der Einengung durch den Festungsgürtel musste sich dieses Alt-Wien allerdings über Jahrhunderte in seiner Entwicklung immer massiver baulich umgestalten. Der wachsende Bevölkerungsdruck führte zu Aufstockungen. Die mittelalterlich giebelständigen Häuser wurden dabei zunehmend durch traufenständige ersetzt. Nur wenige Giebelhäuser sieht man noch heute, und das bloß in „stillen Winkeln" wie der Schönlaterngasse oder der Bognergasse.

Das Repräsentationsbedürfnis des Hofes und des Adels realisierte sich, bis nach dem Ende der Türkengefahr zu Beginn des 18. Jahrhunderts, hauptsächlich im beengten Kern der Stadt. Dann allerdings kam eine Explosion der Stadtentwicklung. Der durch die Zurückdrängung der Türken aus Ungarn in der Habsburgermetropole massiv gestiegene Wohlstand führte zur Errichtung unzähliger vorstädtischer Gartenpalais. Geblieben davon ist nicht allzu viel: vor allem das prächtige Belvedere, der benachbarte Kloster- und der Schwarzenberggarten, die „Favorita" (heute Theresianum) und die Gartenpalais Trautson, Auersperg an der „Zweier-Linie", und das Palais Liechtenstein in der Rossau. Manche Reste einst großer Gärten verstecken sich noch hinter Fassaden der Gründerzeit oder sogar des 20. Jahrhunderts. Zahllose andere aber sind verschwunden, zum Teil schon im ausgehenden 18. und frühen 19. Jahrhundert – Opfer der verdichteten Bebauung der Vorstädte, die zur Parzellierung der Gartengrundstücke und in der Folge zumeist zum Abriss der Palais führte. Ein Beispiel wäre etwa das schon im Biedermeier abgerissene und 1842-45 durch verdichtete Neubebauung ersetzte Palais Althan in der Ungargasse – nicht zu verwechseln mit dem Palais Althan-Pouthon in der Rossau, das 1869 dem Franz-Josefs-Bahnhof weichen musste.

Für die Ausgestaltung des Parks des prächtigsten aller Palais, des kaiserlichen Lustschlosses Schönbrunn und seiner Gloriette wurde übrigens wahrscheinlich das alte Renaissanceschloss Neugebäude (in Simmering) geplündert. Was von diesem einst prächtigen Bau heute noch steht, ist ein mächtiger, aber kahl geschlagener Torso. Es heißt, Maria Theresias Baumeister Nikolaus von Hohenberg entfernte allen Schmuck von diesem Gebäude und errichtete damit die sogenannte „Römische Ruine" im Schönbrunner Schlosspark; teilweise wurde offenbar auch die Gloriette mit solchen Spolien errichtet.

Auch sonst zeigte sich – lange vor den Abbruchorgien der Gründerzeit – speziell die Aufklärungsepoche des späten 18. Jahrhunderts nicht eben zimperlich im Umgang mit alter Bausubstanz. Dass dabei auch wahrzeichenhafte Gebäude immer wieder der Spitzhacke zum Opfer fielen, verzeichnet u. a. Sándor Békési in seinem Beitrag zum umfangreichen Katalogband der Ausstellung „Alt-Wien, die Stadt die niemals war"[5] Schon um 1700 war, wie erwähnt, der markante aus 1483 datierende Heiltumsstuhl im Bereich des Stephansplatzes abgerisssen worden. Das Peyrertor aus dem 14. Jahrhundert brach man 1732 „zur Erweiterung der Passage" zwischen Kohlmarkt und

---

[5] a.a.O. S 31

Tuchlauben ab. Der burgähnliche Freisinger Hof am Graben, zu seiner Zeit eines der ältesten Gebäude Wiens, wurde 1773 demoliert und musste einem Neubau weichen. Nicht zu vergessen wäre auch der 1776 erfolgte Abriss des berühmten „Roten Turmes", eines wahrzeichenhaften Restes der mittelalterlichen Stadtbefestigung, dessen Name noch heute in der topographischen Bezeichnung Rotenturmstraße weiterlebt. Békési vermerkt mit Recht, dass schon im 18. Jahrhundert die Anpassung der Stadt an die wachsenden Verkehrs-, Sanitäts- und Repräsentationsbedürfnisse Platz griff und die „gerade Aussicht" und „Regelmäßigkeit" im Sinne der rationalistischen Schönheitsideale der Aufklärung Verbreitung fanden. Aufklärerische Stadtvisionen wie Johann Rautenstrauchs Positiv-Utopie „Das neue Wien" aus 1785 erscheinen aus der Beengtheit der Festungsstadt Wien auch durchaus verständlich: Das vom Autor für 1805 erträumte Wien, das „keine Festung mehr ist" und in dem „lauter breite Straßen" und „große herrliche Plätze" existieren, sollte es freilich nicht so schnell geben.

Tore, Türme und Basteien

1: Der Heiltumstuhl war ein Reliquienschrein beim Stephansplatz: Er war das Zentrum großer Feste und existierte 1438 bis 1699

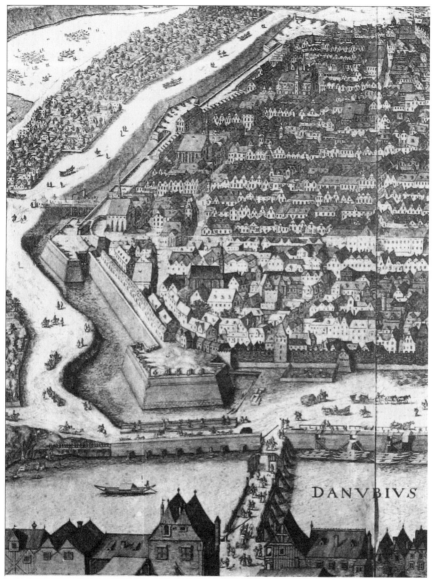

2: Detail aus dem Wien-Panorama von Jacob Hoefnagel aus 1609. Es zeigt den Umbau von der einfachen mittelalterlichen Stadtmauer zur Bastionsbefestigung. Ins Korsett der Befestigung gedrängt, musste innerhalb der Mauern immer höher gebaut werden. Dabei wurden die ursprünglich giebelständigen Häuser oft durch Aufstockung in traufständige umgebaut.

3: Blick aufs Rotenturmtor von der Leopoldstadt zu Ende des 18. Jahrhunderts: Die Stadttore einer Bastionsbefestigung werden mit wachsendem Verkehr zu unerträglichen Engpässen

4: Das Peilertor zwischen Kohlmarkt und Tuchlauben verblieb über Jahrhunderte als Rest der frühmittelalterlichen Stadtbefestigung intakt. Es wurde erst im 18. Jahrhundert dem Verkehr geopfert.

5: Der Rote Turm, ein verschwundenes Wahrzeichen, an den nur mehr der Name einer Straße erinnert.

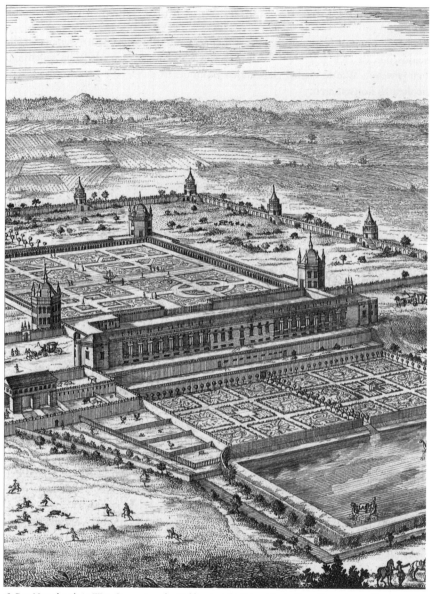

6: Das Neugebäude in Wien Simmering: das Lieblingsprojekt Kaiser Maximilians II wurde vor allem unter Maria Theresia seines Schmuckes beraubt und zur leeren Hülle degradiert. (Ausschnitt aus Deisenbach 1720)

Der Umbau des Stadtzentrums im 19. Jahrhundert

Nicht ohne latente Häme zitieren die Anhänger eines „mutigen" neuen Bauens im altstädtischen Bereich gerne den Ausspruch von Karl Kraus, auch Alt-Wien sei einmal neu gewesen. Wie so oft bei glänzenden Bonmots ist dabei eine gewisse Oberflächlichkeit zu konstatieren.

Die Tatsache, dass auch frühere Zeiten zum Teil massive Eingriffe in die Stadtgestalt vorgenommen haben, mag erklärlich und zum Teil sogar nachvollziehbar erscheinen – eine generelle Rechtfertigung bedenkenloser Beseitigung oder zerstörerischer Umgestaltung lässt sich daraus allerdings nicht konstruieren. Auch unter Abwägung wirtschaftlicher und verkehrsmäßiger Notwendigkeiten erscheint jedenfalls der qualitative Vergleich von Verschwundenem und dem an seine Stelle Getretenen unverzichtbar. Zudem erscheint eine nachträgliche Abkanzelung jener Menschen, die in der zweiten Hälfte des 19. Jahrhunderts mit einer gewissen Bitterkeit die „gemütliche" Stadt ihrer Kindheit zu einer glanzvollen, aber auch an Elend und Konflikten reichen Millionenstadt wachsen sahen, nicht angebracht.

Schon die politisch reaktionäre Epoche der Biedermeierzeit zeigte sich geneigt, mit der Entfernung alter Stadttürme und dem Bau von Großzinshäusern der wirtschaftlichen Modernisierung die Bahn zu brechen. So verschwand etwa der Große Federlhof in der Bäckerstraße mit seinem beachtlichen Turm und wurde 1846 vom Bauherrn Simon Baron Sina durch ein höchst unromantisches großes Zinshaus ersetzt. Auch der prunkvolle Neubau des Niederösterreichischen Landhauses (heute Palais Niederösterreich), bei dem allerdings große Teile älteren Baubestandes integriert wurden, zeigte einen durchaus selbstbewussten Gestaltungswillen der vormärzlichen Epoche.

In der Gründerzeit mit ihrem explosionsartigen Bevölkerungszuwachs und ihrer zum Teil überbordenden Spekulation (speziell vor 1873 und um 1900) brachen dann die meisten Dämme der Tradition – allerdings unter Begleitumständen kompensatorischer Nostalgie. Nicht nur das unvermeidliche Ende der einengenden Stadtmauern und des zentral gelegenen, aber unbebauten Glacis ist hier zu nennen. Auch die Hauptadern der Innenstadt wurden im ausgehenden 19. Jahrhundert weitgehend neu überbaut. Malerische Winkel wie das so genannte Küssdenpfennig-Haus in der Adlergasse am heutigen Franz Josefs-Kai beim Donaukanal verschwanden.

Zum Teil versuchte man dabei, sich stilistisch an die beseitigten Vorbilder zu halten, wie im Fall des Regensburger Hofes am Lugeck – aber die Maßstäbe waren doch ganz andere. Elisabeth Lichtenberger hat in ihrem sozialgeographischen Werk über „Die Wiener Altstadt"[6] nachgewiesen, wie sehr Graben, Kärntner Straße, das Umfeld des Stephansplatzes, aber etwa auch Hoher und Neuer Markt oder Rotenturmstraße aus wirtschaftlichen Erwägungen neu bebaut wurden. Nur in „toten Winkeln" erhielten sich Reste des vorgründerzeitlichen Wien. Dabei ging auch höchst wertvolle

---

[6] E. Lichtenberger: Die Wiener Altstadt: von der mittelalterlichen Bürgerstadt zur City, Wien 1971 zeigt sehr deutlich diese Tendenz zur Neubebauung entlang der Hauptverkehrsadern

Bausubstanz verloren – ohne dass die Entschuldigung der Einengung durch den Mauerkranz noch bestanden hätte. Die Liste des „verschwundenen Wiens" jener Jahre ist lange... Besonders gefährdet waren – damals schon – alte Palaisbauten mit relativ niedriger Bebauungshöhe. Etwa das schöne klassizistische Winterpalais Schwarzenberg (Neuer Markt 8), das 1894 von „Gründerzeit-Barbaren" (so Edgard Haider) abgerissen wurde [7]. 1899 traf das gleiche Schicksal das Palais Triangi (ehemaliges Theatinerkloster) an der Hohen Brücke. Es wurde durch einen recht belanglosen Spekulationsbau ersetzt. Zu erwähnen wäre auch das Palais Selb (Graben 14) mit seinen prachtvollen Rennaissancearkaden im Hof – es wurde 1873 abgerissen, oder das Palais Lubomirski auf der Mölker Bastei 4, das eine Zeitlang sogar in die Ringstraßenära hinüberreichte – erst 1870 wurde es von der Wiener Baugesellschaft erworben und demoliert. Zu nennen wäre des weiteren das 1913 abgerissene Winterpalais Liechtenstein, Herrengasse 6-8, mit seinem berühmten Bösendorfersaal; dessen Ende Stefan Zweig in seiner „Welt von gestern" mit rührenden Worten beschrieben hat (Die Musikenthusiasten wollten nach der letzten Vorstellung den Saal nicht verlassen, selbst als man ihnen das Licht abdrehte). An Stelle des Palais und seines Konzertsaals wurde in den dreißiger Jahren das erste Wiener „Hochhaus" errichtet. Man kann hier eindeutig von Stadtbildverlusten sprechen, zumal wenn man die Qualitäten des Verlorenen und an dessen Stelle Errichteten vergleicht – und vor allem, wenn man den Fetisch der unbedingten Erneuerung in zentralen Lagen kritisch hinterfragt. Ihm wurde im Bereich um die Brandstätte, also ganz nahe dem Stephansdom, besonders intensiv gehuldigt. Sicher entstanden dabei auch wertvolle Bauten, wie das so genannte Zacherlhaus des großen Architekten Jože Plečnik. Aber die Verluste waren doch bitter und, rückblickend betrachtet, unnötig angesichts der nach der Donauregulierung gegebenen, praktisch unbegrenzten Erweiterungsmöglichkeiten Wiens in die östlichen Ebenen jenseits des Flusses. Selbst ein der Moderne so kompromisslos zugetaner Publizist wie der junge Adolf Loos bedauerte übrigens damals den Fall des ebenfalls 1913 abgerissenen alten Kriegsministeriums (am Hof 2). Er nannte es „das schönste sterbende Gebäude Wiens" [8]

---

[7] Vgl. zu den genannten Beispielen E. Haider: Verlorenes Wien – Adelspaläste vergangener Tage, Wien 1984
[8] Adolf Loos: Trotzdem, hg von Adolf Opel 1988, S 62

Verluste in Vormärz und Gründerzeit

7: Der „große Federlhof" in der Bäckerstraße mit seinem eindrucksvollen Turm – noch vor 1848 einem Bau des Bankiers Sina geopfert.

8: Das Niederösterreichische Landhaus in der Herrengasse 13, wie es bis gegen die Mitte des 19. Jahrhunderts aussah. (heute Palais Niederösterreich)

9: Das Winterpalais Schwarzenberg (Neuer Markt 8) wurde 1894 abgerissen.

10: Der berühmte Renaissance-Arkadenhof des Palais Selb (Graben 14), 1873 abgerissen

11: Palais Lubomirski auf der Mölker Bastei, 1870 abgerissen

12: Alter und neuer Regensburger Hof am Lugeck 1897: Der Versuch, die alten Formen zu kopieren, verdeckt nicht die drastische „Modernisierung"

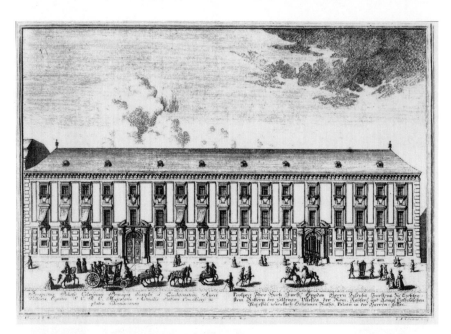

13: Das 1913 abgerissene Palais Liechtenstein in der Herrengasse 6-8

14: Der legendäre Bösendorfer-Saal im Palais Liechtenstein

15: Für Adolf Loos das „schönste sterbende Gebäude Wiens": Das alte Kriegsministerium am Hof 2 – 1913 durch einen Bankpalast ersetzt, der heute Hotel werden soll.

16: Das Zerstörte wird als Kulisse erinnert: Alt-Wien auf der Theaterausstellung 1892 im Prater

Kurzlebige Aktivitäten und Attraktionen

Die historische Kontinuität unserer Städte lebt von der Wahrzeichenfunktion einiger ihrer öffentlichen Bauten (Dome, Rathäuser, Bildungsinstitutionen) und von der langfristigen Benutzbarkeit ihrer Wohnhäuser. Gewerblich genutzte Gebäude verändern sich viel rascher und wandern mit den Änderungen der Warenproduktion (speziell der Einführung und Perfektionierung des Maschinensystems) tendenziell immer weiter hinaus an den Stadtrand oder ins Umland. Das gilt auch für viele Dienstleistungsbetriebe, etwa Hafenanlagen. Das rege Leben, das einst am Ufer des heutigen Donaukanals herrschte, das Beladen und Entladen von Schiffen, müssen wir uns heute also anhand alter bildlicher Darstellungen ausmalen. Ähnliches galt und gilt aber auch von den Freizeitattraktionen, etwa den Tanzsälen, den Großrestaurants, und den Bergbahnen, an denen sich die Wiener im 19. Jahrhundert erfreuten. Solche unterliegen sehr stark der Mode und wechselnden Konsumgewohnheiten.

Es ist eigentlich erstaunlich, dass sich das Riesenrad im Wiener Prater so lange gehalten hat – seine Pendants in Chicago, Paris und Blackpool haben nicht so lange überlebt. Dafür hat der dem Riesenrad benachbarte frühe Themenpark *Venedig in Wien* nach wenigen Jahren der Blüte „abgehaust". Verloren gegangen sind beispielsweise auch die Zahnradbahn auf den Kahlenberg (1873-1921), die Standseilbahn auf den Leopoldsberg (1873-75) und jene auf die Sofienalpe (1872-81), untergegangen sind die Amüsierwelten von Schwenders Etablissement „Neue Welt" in Hietzing, das Tivoli in Meidling oder die Apollosäle in der Zieglergasse im heutigen Bezirk Neubau[9], Extreme Nostalgiker mögen hier von Verlusten sprechen – man muss aber doch einbekennen, dass derlei Attraktionen meist von vorneherein eher nur auf kurz- und mittelfristige Dauer angelegt waren, Das gilt auch für das 1755 errichtete, 1796 abgebrannte hölzerne Hetztheater wie auch für den ebenfalls durch einen spektakulären Brand am 17. September 1937 verschwundenen Weltausstellungspalast von 1873, die „Rotunde".

Am Ende dieses Exkurses sei am Rande auch auf die ganz kurzlebige Festarchitektur hingewiesen, mit der seit dem Barock Hochzeiten, Krönungen und Thronjubiläen gefeiert wurden, oft recht spektakuläre aber bloß dem Tag geweihte Versatzstücke des Stadtbildes.

---

[9] Näheres zu den genannten Attraktionen u.a. in: Th. Mally, R. Schediwy Wiener Spurensuche, Wien 2007

Temporäre Sensationen

17: Die kurze Blüte der Vergnügungsetablissements: Biedermeierliches Rutschvergnügen am Tivoli.

18: Von der Sensation in den Konkurs: Gabor Steiners „Venedig in Wien" im Mai 1895 glanzvoll eröffnet, existierte nur sechs Jahre

19: Der exotische Reiz nützte sich rasch ab

20: Kurzatmige Bergbahnen: Die Zahnradbahn auf den Kahlenberg wurde immerhin fast 50 Jahre alt (1873-1921).

21: Von der Konkurrenz stillgelegt: Die Standseilbahn auf den Leopoldsberg brachte es nur auf 2 Jahre.

22: Kurzlebige Triumphe. Der Einzug Kaiser Franz I. durch die Kärntner Straße als Beispiel für die temporären Festarchitekturen absolutistischer Regimes.

Die Zwischenkriegszeit

Perioden der Krise und Stagnation erweisen sich für den existierenden Baubestand zumeist als bewahrend. Man lernt das, was man hat, schätzen und pflegt es nach Kräften. Das gilt prinzipiell auch für die Periode 1914 bis etwa 1950. Der Krieg beendete die Bauwut der Gründerzeit; nach 1918 bildeten Friedenzinsregelung, Mieterschutz und die mangelnde Dynamik der Wirtschaft einen Hemmschuh für die private Bautätigkeit. Die Gemeindebauten des „Roten Wien" verdrängten im übrigen kaum wertvolle Bausubstanz, sondern schlossen Lücken. Unmittelbar nach 1918 galt Wien, die einstige Metropole eines Großreiches, ja sogar als „sterbende Stadt". Es kam zu massiven Bevölkerungsverlusten, vor allem durch Rückwanderung in ökonomisch besser florierende Teile der ehemaligen Habsburgermonarchie. Das Denkmalschutzgesetz von 1923, mit dem die ehemalige „Zentralkommission für Denkmalpflege" durch ein eigenes Bundesdenkmalamt ersetzt wurde, entsprang nicht etwa dem Versuch, die spekulative Gefährdung überkommener Baudenkmäler durch Neubauten hintan zu halten, sondern der Notwendigkeit, das am 5.12.1918 erlassene drakonische Ausfuhrverbot für Kunstwerke zu novellieren. Man versuchte, die Verschleuderung wertvoller Kulturgüter zu kontrollieren und nicht etwa einen zerstörerischen Bauboom.

Erstaunlicherweise zeigte sich aber die kurze Periode des klerikal reaktionären Regimes von 1934 bis 1938 als durchaus folgenreich (und problematisch) im Hinblick auf die Veränderung der Wiener Innenstadt. In der Wollzeile wurde z.B. das traditionsreiche Palais Paar (Wollzeile 30) durch einen gesichtslosen Neubau ersetzt. Im Zusammenhang mit diesem schon seit dem Ende der Monarchie „sterbenden" Palais („Das Haus stand leer, die Fenster erblindeten", vermerkt Edgard Haider) entwickelte sich dann, knapp vor dem drohenden Anschluss, noch eine „Bürgerinitiative": 20.000 Unterschriften sammelte ein prominent besetztes Komitee unter der Führung von Graf Karl Wilczek. Weitere zehntausende Unterschriften waren zu erwarten – so die Neue Freie Presse vom 21.1.1938 –, allerdings vergeblich. Im übrigen betätigte sich der autoritäre Ständestaat recht erfolgreich bei der Eliminierung eines politischen Symbolbaus seiner Gegner: das 1907 eröffnete, prächtige Arbeiterheim Ottakring in der Kreitnergasse, ein multifunktionelles Veranstaltungsgebäude der Arbeiterbewegung, war bei den Februarkämpfen 1934 eines der Widerstandsnester des ohnmächtig aufbegehrenden Republikanischen Schutzbundes gewesen – es wurde abgerissen und durch ein Wohnhaus ersetzt...

Nach dem „Anschluss" Österreichs an das nationalsozialistische Deutschland im März 1938 wurden dann zwar auch in Wien monumentale Umbaupläne geschmiedet. Verwirklicht wurde davon praktisch nichts, einerseits wegen des baldigen Kriegsbeginns, aber auch wohl deshalb, weil Hitler Wien bekanntlich nicht besonders mochte und Linz bevorzugte. So blieb die gravierendste Stadtbildveränderung in Friedenszeiten die willkürliche und brutale Zerstörung nahezu aller Wiener Synagogen im organisierten Pogrom der so genannten „Reichskristallnacht" vom November 1938.

Vernichtet wurden damals unter anderem der von Ludwig Förster 1854-58 errichtete große Tempel in der Leopoldstadt, der sephardische Türkische Tempel aus 1885-87 im gleichen Bezirk, die 1903 errichtete neugotische Synagoge Neudeggergasse im 8.Bezirk mit ihren zwei stattlichen Türmen, der Währinger Tempel aus 1888-89 und der 1907–08 errichtete Jubiläumstempel in der Siebenbrunnengasse. Viele dieser auf Dauer angelegten Gotteshäuser einer sich integriert und akzeptiert fühlenden religiösen Gemeinschaft wurden also nach nur wenigen Jahrzehnten brutal beseitigt.

Die Vernichtung dieser – zum Teil sehr stattlichen – Gotteshäuser ging der Vernichtung von zahllosen Menschen des betroffenen religiösen Bekenntnisses nur um wenige Jahre voraus.

Politisch motivierte Zerstörung

23: Ein bewusst beseitigtes Monument der Arbeiterbewegung: Das Arbeiterheim Ottakring, Kreitnergasse 29-33, wurde beim Februaraufstand 1934 zerschossen und danach abgerissen.

24: Die Synagoge Neudeggergasse 1903 von Max Fleischer errichtet und 1938 zerstört, war im neugotischen Stil gehalten und ein Wahrzeichen des 17. Bezirkes.

25: Die große Synagoge in der Tempelgasse 3: Ein monumentales Gotteshaus 1854-58 von Ludwig Förster im maurischem Stil errichtet, 1938 in der „Reichskristallnacht" durch den NS-Terror zerstört.

26: Synagoge Siebenbrunnengasse 1a, 1907-1908 nach Plänen von Jakob Gartner errichtet.

27: Das lange Sterben des Palais Paar, Wollzeile 30. Trotz tausender Unterschriften wurde es 1938 beseitigt.

Der Wiederaufbau

Die ersten Jahre der Wiederaufbauperiode nach 1945 waren eine bescheidene Zeit. Zu wirklichen „Bausünden", die meist ein Produkt des Hochmutes und der neureichen Verachtung des Alten sind, war noch keine Gelegenheit. Zuerst musste der Schutt weggeräumt werden, den der gescheiterte Eroberungskrieg des „Größten Führers aller Zeiten" hinterlassen hatte. Die Straßenbahnen mussten wieder in Betrieb gesetzt und halbzerstörte Häuser mühsam wieder bewohnbar gemacht werden. In Wien konzentrierten sich 46 Prozent der gesamten Kriegsschäden Österreichs [10]. Wer es irgendwie konnte, versuchte, das alte Aussehen seines Hauses wiederherzustellen. Die Familie Harrach bemühte sich zum Beispiel, ihr teilweise zerstörtes Palais so gut wie möglich zu restaurieren. Mit den Kulturgütern der Vergangenheit wurde schonend umgegangen, Wien war nicht nur viel zu arm, um sich mutwillige Zerstörungen leisten zu können. Es ging auch darum, die vertrauten Wahrzeichen wieder zu gewinnen. Der Wiederaufbau der großen Wahrzeichen: Stephansdom, Oper, Burgtheater wurde zum nationalen Anliegen, ähnlich wie (in größerem Rahmen) etwa gleichzeitig der Wiederaufbau der zerstörten Warschauer Altstadt. Kleinere Retuschen im Sinne der Beseitigung von Engpässen des Verkehrs wurden heftig diskutiert – etwa die Schaffung einer Albertinastiege anstelle der zuvor existierenden Rampe am Lobkowitzplatz, oder die Arkadierungen in der Wipplinger Straße und der Stallburggasse.

Jener ersten Zeit nach 1945 wären allenfalls Unterlassungssünden vorzuhalten: Man hätte in dieser Stunde Null beispielsweise vielleicht mehr Hofgrünanlagen in den grauen Gründerzeitbezirken realisieren können. 1946 erarbeitete das Wiener Stadtbauamt ein 14-Punkte-Programm für den Wiederaufbau. Punkt 4 darin sprach sich für die „Entkernung der Hinterhöfe", für die Auflockerung und Durchgrünung der dicht verbauten Stadtteile aus. Zur Schaffung solcher Hofparks ist es aufgrund der damals herrschenden Wohnungsnot leider kaum gekommen. Erst das „Planquadrat" im 4. Bezirk und einige andere Initiativen der siebziger Jahre sind erfreuliche Ausnahmen in einem immer noch allzu „grauen" gründerzeitlichen Stadtgebiet.

Punkt 13 des genannten Programms erscheint im Rückblick problematischer. Er fordert nämlich dezidiert die „Vermeidung jedes überflüssigen Zierrats" an den Hausfassaden. Aus diesem Geist entstand unter anderem die öde Bebauung des Stephansplatzes aus den fünfziger Jahren. Dabei wäre nach Professor Schuster ein Wiederaufbau der 1945 ausgebrannten Gebäuden um den Dom durchaus möglich gewesen [11]. Nüchterne Gestaltung war damals allerdings allerorts Trumpf. Auch das Ministerium für Handel und Wiederaufbau freute sich 1955 in seinem Leistungsbericht, dass „die

---

[10] D.Klein, M.Kupf, R.Schediwy: Stadtbildverluste Wien, Wien 2004, S 27
[11] siehe Dieter Klein in Klein/Kupf/Schediwy, a.a.O.S 27ff Heftige Kontroversen entstanden allerdings schon früh um die Intensität der Nutzung des zentralen, hochpreisigen Grundstückes am Stephansplatz – ein „Hochhaus" (mit 28m Höhe) statt des zerstörten Haashauses wurde 1949 erbittert diskutiert und von der Öffentlichkeit abgelehnt

hässlichen Fassaden der Häuser mit den kitschigen Steinimitationen" beim Wiederaufbau meist nicht wiederhergestellt sondern durch „einfache und klare" Linien ersetzt worden wären.[12] Wer heute die Häuser mit der Plakette des Wiederaufbaufonds betrachtet, wird diese Begeisterung eher nicht teilen.

Trotzdem waren die Bausünden der ersten fünf Jahre nach dem Krieg eher lässlichen Charakters. Der Hauseinsturz im November 1948 auf der Fischerstiege hätte beispielsweise vielleicht nicht zum Abriss der gesamten baufälligen, aber historisch wertvollen Gebäude an diesem Ort führen müssen. Aber Schuttwegräumen und Wiederaufbau hatten Vorrang.

Anfang der fünfziger Jahre endet freilich die Periode der baulich bescheidenen Nachkriegszeit, und sie geht nahtlos in die Modernitäts- und Mobilitätseuphorie der „Wirtschaftswunderzeit" über.

Ein frühes und bis heute beeindruckendes Verkehrsbauwerk war der 1951 eröffnete neue Westbahnhof. (Leider wird die denkmalgeschützte große Halle aktuell durch einen wulstartigen Kranz von Spekulationsbauten verunziert). Weitaus weniger gelungen war da schon der 1956 eröffnete neue Südostbahnhof. Nicht nur, dass dabei die Chance verpasst wurde, mit relativ geringem Aufwand einen Durchgangsbahnhof zu schaffen, der noble alte Bahnhofsbau Wilhelm Flattichs war auch keineswegs so zerstört, dass ein Abriss unvermeidbar gewesen wäre. Wer wissen möchte, was Wien hier verloren hat, kann den anderen Endbahnhof der Linie in Triest betrachten: Der dortige „kleinere Bruder" des Wiener Südbahnhofs ist bis heute erhalten geblieben. Der stille Tod des mächtigen Nordwestbahnhofs hatte schon in der Zwischenkriegszeit begonnen, die große Halle diente nicht mehr dem Personenverkehr sondern politischen Versammlungen, Ausstellungen und dergleichen. Der kaum beschädigte Nordbahnhof war nach der Aufrichtung des Eisernen Vorhangs unwichtig geworden. So verlor Wien im Endeffekt nach 1945 alle seine repräsentativen Bahnhöfe der Gründerzeit – zum Unterschied etwa von Budapest, wo sie trotz teilweise bedeutender Kriegsschäden erhalten geblieben sind und als historische Wahrzeichen betrachtet werden.

Die Verkehrsenquete von 1955 zelebrierte allerdings weniger die kollektive als die individuelle Mobilität. Das amerikanische Beispiel begann nun deutlich einzuwirken, Man begann von Stadtautobahnen zu träumen – und von Hochhäusern. Mit dem Bau von Stadthalle und Ringturm sollte Wien zur „Weltstadt" werden. Das behauptete zumindest ein Werbeplakat zur Gemeinderatswahl 1954. Heute muss man froh sein, dass der in seiner Art durchaus eindrucksvolle, 1953 bis 55 errichtete Ringturm im Rahmen der Ringstraße ein Solitär geblieben ist.

Schlecht wurden damals wieder (wie in jeder wirtschaftlichen Boomperiode) die Aussichten der noch existierenden Wiener Palais.

Das nur teilweise zerstörte, historisch bedeutsame gründerzeitliche Palais Rothschild in der Prinz-Eugen-Straße musste 1955 dem Bau der Wiener Arbeiterkammer

---

[12] zitiert nach D. Klein, ebenda S32

weichen. Das Palais Erzherzog Rainer wurde 1957 zugunsten des Verwaltungsgebäudes einer Reifenfirma abgerissen – auch seine allzu spät unter Denkmalschutz gestellte Reitschule. Statt spätfeudalem Prunk sollten jetzt soziale und Anliegen der Wirtschaft vorherrschen. Aber rechtfertigen sie auch die puristische und unnötige „Abräumung" des Pötzleinsdorfer Schlosses?

Unter den Vorzeichen des beginnenden großen Konjunkturaufschwungs zu Anfang der 1950er Jahre wurden auch begrenzte Kriegsschäden gern zum Vorwand genommen, alte Häuser radikal zu beseitigen. Das galt besonders für die Ringstraßenzone, in der man lukrative Büro- und Geschäftsbauten errichten konnte.

Martin Kupf ist in seinem Abschnitt des Buches „Stadtbildverluste Wien" vielen Schicksalen Wiener Bauten nachgegangen. Ein paar Beispiele für unnötige Zerstörungen der fünfziger Jahre seien herausgegriffen. Links und rechts vom Rathaus finden sich einige höchst eindrucksvolle „Arkadenhäuser". Etliche stammen vom Erbauer des Rathauses selbst, Friedrich von Schmidt. Aus dieser sorgfältig gestalteten Harmonie fällt heute das Eckhaus Rathausplatz 2 / Felderstraße 2 heraus. Es war im Krieg von einer Bombe getroffen worden, die außer der Kuppel lediglich einen Teil der beiden Obergeschoße zerstörte. Obwohl der Präsident des Bundesdenkmalamtes zunächst meinte, dieses Gebäude könne wohl nur im ursprünglichen Stil wieder hergestellt werden, erfolgte kein Wiederaufbau. Vielmehr wurden sämtliche Stockwerke bis auf die Arkaden abgetragen und mit einem Notdach versehen. Oberhalb dieser Arkaden wurde später von einer Versicherung ein Neubau errichtet, selbstverständlich mit einem zusätzlichen Geschoß, um ein Höchstmaß an nutzbarer Bürofläche zu erzielen. Hier liegt ein Beispiel dafür vor, dass mäßige Kriegsschäden zum Anlass für einen stadtbildschädigenden Abbruch genommen werden konnten. Noch dazu zog der Abbruch ein benachbartes, völlig intaktes Haus mit.

Ein anderes Beispiel ist der Heinrich(s)hof gegenüber der Oper, ein Werk von Theophil Hansen, das als „schönstes Zinshaus der Welt" galt. Anlässlich eines Großangriffes am 12. März 1945 wurde das repräsentative Gebäude von drei Bomben getroffen und brannte zum Teil aus. Trotzdem hielten sich die Schäden in Grenzen. Eine Wiederherstellung erschien möglich; zahlreiche Mieter waren in dem Gebäude verblieben. Die Versuche der Eigentümer, der Familie Drasche-Wartinberg, einen Käufer zu finden, der am Wiederaufbau des Heinrichhofes interessiert gewesen wäre, schlugen fehl. Mit Datum vom 12. August 1949 erging an die Eigentümer ein Bescheid zum Abbruch der beschädigten Gebäudeteile. Diesem kam man zwar nicht nach, es wurden aber auch keine Maßnahmen gegen den fortschreitenden Verfall getroffen. 1951 stellte dieser tatsächlich ein Sicherheitsrisiko dar, worauf ein Totalabbruch-Auftrag erging. Als Konzession an die prominente Lage wurde für den Neubau Natursteinverkleidung vorgeschrieben. Obwohl der Bauteil an der Ecke Elisabethstraße/Kärntnerstraße keineswegs baufällig war, wurde auch für diesen eine Abbruchbewilligung erzielt, und vor Weihnachten 1954 war das ganze Areal dem Erdboden gleichgemacht. Ursprünglich war die Erhaltung der Fassaden des berühmten Gebäudes gefordert worden. Dann wäre man aber an die vorgegebenen Geschoßhöhen der Gründerzeit gebunden gewesen, was einen Verzicht auf das „Quadratmeterschinden" beim Wiederaufbau bedeutet hätte. Seit 1956 steht an der Stelle des Heinrichhofes der nach Plänen von Appel, Lippert und Obetitsch errichtete Opernringhof, ein Gebäude, das Kupf nicht zu Unrecht einen „ungegliederten Kasten" nennt.

Ein besonders krasser Fall war jener der sogenannten Sterngasse-Häuser. Die Häuser Sterngasse 7 und 5 waren mittelalterlichen Ursprungs und im 16. und 17. Jahrhundert umgebaut worden. Sie waren im Krieg unversehrt geblieben und standen unter Denkmalschutz, was ihre neuen Eigentümer jedoch nicht daran hinderte, im Herbst 1961 eine teilweise Abtragung der Dachstühle zu veranlassen. Die Häuser wurden dann an einen Baumeister verkauft, der trotz flammender Proteste zahlreicher Persönlichkeiten, unter anderem von Stadtplaner Roland Rainer, den Abbruch durchsetzte. Friedrich Achleitner schrieb damals in der Presse: „Wahrscheinlich wäre bei uns der Abbruch von Althäusern kein so tragisches Problem, wenn anstelle dieser Bauten gute neue Architektur entstünde. Aber angesichts dieser spekulativen Machenschaften wird jede Demolierung zum unersetzlichen Verlust."[13]

Höchstens auf Umwegen kriegsbedingt war auch der Abriss des Palais Erzherzog Rainer in der Wiedner Hauptstraße. Sein bewegtes Schicksal schildert Edgard Haider in seinem schon erwähnten Buch „Verlorenes Wien"[14]. Das schon in der Zwischenkriegszeit ein wenig vernachlässigte Barockpalais diente nach 1945 als sowjetisches Offizierskasino. 1957 wurde der Abriss des Palais von der „Arbeiterzeitung" als Notwendigkeit bezeichnet, um dem neuen Wien seinen Platz abzutreten. Das Bürohochhaus der Firma Semperit, das an seine Stelle trat, war übrigens ein Bau des „Palais-Spezialisten" Georg Lippert.

---

[13] Vgl Die Presse 19./20.1964
[14] Vgl Edgard Haider, Verlorenes Wien. Adelspaläste vergangener Tage, Wien 1995

Wiederaufbau zwischen Tradition und Moderne

28: Blick auf den Heinrichhof gegenüber der Oper, Opernring 1-5. Theophil Hansens „schönstes Zinshaus von Wien" wurde im Krieg nur teilweise beschädigt.

29: Blick auf den 1954 stattdessen errichteten Opernringhof. Er bot eben mehr Geschossfläche

30: Feuerwehrzentrale am Hof 9: Der Totalabriss nach größerem Bombenschaden war nicht zwingend

31: Der Neubau im konservativen Stil der frühen 50er Jahre gibt sich traditionsverbunden, zielt aber schon auf eine deutliche Vergrößerung der Geschossflächen.

32: Das Hotel Metropole am Morzinplatz 4 (zur Weltausstellung 1873 errichtet) war im Krieg beschädigt worden und ausgebrannt. Der Abriss erfolgte aber wohl auch, um die Erinnerung an die Verwendung des Hauses durch die Gestapo vergessen zu machen. Heute steht dort der Leopold Figl-Hof.

33: Das Schloß Pötzleinsdorf, Geymüllergasse 1, wurde 1925 vom Industriellen Max Schmidt mit einer geschwungenen Freitreppe vor der Ostfassade monumentalisiert.

34: 1935 schenkte Schmidt das Schloss der Gemeinde Wien, 1950 wurde es durch Roland Rainer seiner Freitreppe beraubt und mit Anklängen an die NS-Architektur „purifiziert". Auch der noble Charakter der Innenräume ging verloren.

35: Das Palais Albert Rothschild in der Prinz Eugen-Straße 22: im Krieg kaum beschädigt aber als „Zentralstelle für jüdische Auswanderung" missbraucht, wurde es 1954 ein frühes Opfer des Wiener Palaissterbens. Heute steht an seiner Stelle das Gebäude der Arbeiterkammer Wien

36: Ein Blick ins prächtige Innere des Rothschild-Palais

Das Sterben der alten und der Nachkriegsbahnhöfe

37: Der Nordwestbahnhof wurde schon vor 1938 für den Personenverkehr stillgelegt, die große Halle diente politischen Versammlungen (Zustand nach 1945).

38: Diese Gebäude wurden an seiner Stelle errichtet

39: Der Ostbahnhof (Staatsbahnhof) nach 1945

40: Die prächtige Halle des Südbahnhofs um 1900

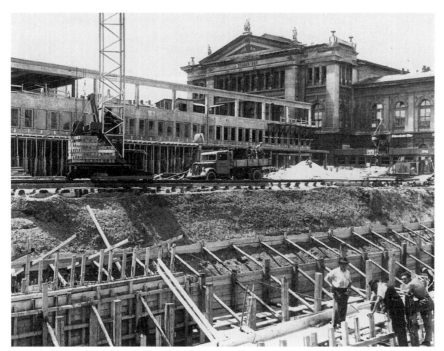
41: Alter Südbahnhof und der Neubau der 1950er-Jahre: die historischen Bahnhöfe wurden zerstört, aber die Chance der Schaffung eines zentralen Durchgangsbahnhofs vertan.

42: Der neue Südostbahnhof „hielt" nur etwa fünf Jahrzehnte, bis Ende 2009.

43: Der monumentale Nordbahnhof war der vielleicht wichtigste Wiener Bahnhof zur Zeit der Donaumonarchie (Ansicht um 1900)

44: Sprengung des prächtigen, kaum zerstörten Nordbahnhofs 1965. Die hier abgehenden Züge fuhren im Kalten Krieg hinter den Eisernen Vorhang. Der große Bahnhof schien entbehrlich.

45: Das Hauptportal des Westbahnhofs knapp nach Kriegende

46: Der 1951 eröffnete neue Westbahnhof war eines der wenigen Nachkriegsbauwerke, das richtig populär wurde.

47: Jetzt wird die denkmalgeschützte große Halle „umwulstet" und zum Shopping-Center umgebaut

Wirtschaftswunderzeit: Von Autofetischisten, Hochhausenthusiasten und „Palaisspezialisten"

Zu Anfang der 1950er-Jahre begann auch für Österreich die Wirtschaftswunderzeit, und das hatte Folgen. Ab etwa 1955 übernahmen in vielen Wiener Medien die Mobilitätsapostel das Kommando. Motorjournalisten wie der junge, auch stadtplanerisch engagierte Alfred Prokesch im Tagblatt „Neues Österreich" forderten angesichts der einsetzenden Massenmotorisierung allerorts Straßendurchbrüche und Stadtautobahnen. Solche Tendenzen verfocht beispielsweise auch die damals einflussreiche und viel gelesene Zeitung des Autofahrer-Clubs ÖAMTC, „Auto-Touring"

Man träumte damals beispielsweise von einer Wiental-Autobahn (die auch quer durch den Stadtpark führen sollte), einer „Zentralautobahn" am Donaukanal, von „weltstädtischen" Autobahnkleeblättern am Gaudenzdorfer Gürtel und dergleichen.[15] Durch die Innere Stadt hätte Prokesch am liebsten ein Verkehrskreuz mehrspuriger Straßen gelegt. Dem wären natürlich ein paar denkmalgeschützte „alte Kaluppen" zum Opfer gefallen: etwa der Melkerhof in der Schottengasse oder die alte Jesuitenuniversität bei der Bäckerstraße. Gottlob ist es zu all dem nicht gekommen, und die einschlägigen Planungen verblieben großteils in der Schublade.

Prokesch und die anderen Autofetischisten hatten allerdings in mancher Hinsicht auch recht. So unterschätzte die Wiener Stadtverwaltung wirklich die Motorisierungswelle ganz gewaltig, als sie Mitte der fünfziger Jahre deren Höhepunkt bereits als überschritten ansah.

Aber diese Konservativität des „Roten Wien" in Verkehrsfragen und der Widerstand von Stadtplaner Roland Rainer haben Wien damals viele urbanistische Fehler anderer Städte erspart.

Mitte der sechziger Jahre, nach Rainers Abgang, versuchte Wien noch schnell auf den Zug zur autogerechten Stadt aufzuspringen. Die Art, wie die Südost-Tangente den historischen St. Marxer Friedhof entstellt und beeinträchtigt, wie sie den östlichen Teil des 3. Bezirks und das Erholungsgebiet Prater durchschneidet, ist „Marke sechziger Jahre". Gleiches gilt für die eine potentiell reizvolle Uferregion entwertende Stelzenstraße in Nussdorf entlang dem Donaukanal. Immerhin: die geplante Stelzenautobahn am Gürtel ist nie errichtet worden – und manche der dem Autowahn geopferten Alleen, etwa an der Linzer Straße, sind seither wenigstens teilweise wiedererstanden. Andere Großstädte wie Brüssel oder Tokio haben an „Bausünden des Verkehrs" heute viel mehr zu leiden. Wien dagegen hat durch sanfte Verkehrsbeschleunigungsmaßnahmen wie die „grüne Welle" mit Einbahnregelungen ab Anfang der sechziger Jahre sicher einen besseren Weg beschritten. In die gleiche Richtung gehen die ab Juli 1993 geschaffenen Kurzparkzonen im Bereich der Innenstadt.

---

[15] vgl. R. Schediwy: Kleine Chronik zur Diskussion um die Wiener Stadtentwicklung 1945-2004 in Klein,Kupf, Schediwy, a.a.o. S. 269 f, speziell 276ff

Eine der Gegenden Wiens, die ab Beginn der Wirtschaftswunderzeit durch Großbauten wirklich entstellt wurden, ist freilich der Bereich um den Stadtpark… Die Klötze um diesen Park haben einen der wichtigsten Vorzüge des romantischen Landschaftsgartens zerstört: Seine Unendlichkeitsillusion [16].

Die Häuser der Ringstraßenzeit waren nämlich gerade so hoch, dass man sich selbst in einem mittelgroßen Park mit ausgewachsenen Bäumen in einer richtigen Naturoase fühlen konnte. Das ist psychologisch wichtig. Kein Haus ragte einengend über den Horizont. Heute dagegen fühlt man sich im Stadtpark beinahe so „eingemauert", wie im riesigen New Yorker Central Park.

Gegen diese fatale, heute aber leider unumkehrbare Entwicklung haben sich engagierte Wiener Bürger frühzeitig, aber vergeblich gewehrt. Gegen das Gartenbau-Hochhaus, einen Büro- und Hotelbau von Prof. Boltenstern, der heute schon kaum mehr auffällt, gab es Ende der fünfziger Jahre massive Bürgerproteste. Oskar Kokoschka sagte darüber 1962: „Man schaue doch nur vom Belvedere herab auf die Stadt und fühle den Schmerz, wie da einer die Silhouette Wiens mit einem massiven Klotz für immer verschandelt hat."

Dennoch war das Gartenbauhochhaus nur ein Vorspiel. Eine wirklich ernsthafte Beeinträchtigung des Stadtparks bedeuteten die beiden amerikanischen Riesenhotels an seinen Schmalseiten. Der Anfang 1960 medial bejubelte Spatenstich für Wiens „jüngsten Wolkenkratzer", das Intercontinental-Hotel, setzte den Anfangspunkt. Später trat ihm ein Hilton-Hotel gegenüber. Es sind dies zweifellos „Hotels mit schöner Aussicht". Dass sie selbst aber diese schöne Aussicht stören, wurde bei ihrem Bau nicht berücksichtigt. Amerikanische Hotelketten haben bei der „Modernisierung" der europäischen Städte ab dem Ende der fünfziger Jahre leider generell eine fatale Rolle gespielt. Die Planer dieser Großbauten dachten rein betriebswirtschaftlich und kümmerten sich nicht um das europäische Kulturerbe und die gewachsenen Dimensionen historischer Städte. Die Kalkulation lautete: Wir brauchen mindestens 300 Zimmer in bester Lage, womöglich mit Grünblick. Architekten, die solches zu bauen bereit waren, fanden sich problemlos. Nicht umsonst sprach damals der Präsident des österreichischen Denkmalamtes den bedenkenswerten Satz, die Architekten seien stets die größten Feinde des Werkes ihrer Vorgänger. [17] Die altmodischen Vorbehalte der europäischen Bildungseliten gegen Hochhäuser in Innenstadtlagen wirkten hier nur als relativ leicht überwindbares Hindernis. So wurden von Lissabon bis London, von Brüssel bis Wien amerikanische Hotelhochhäuser zu Vorreitern der Zerstörung unserer Altstädte.

In der Stadtparkgegend sind unterdessen längst andere Bausünden dazugekom-

---

[16] Vgl: R.Schediwy, F. Baltzarek: Grün in der Großstadt – Geschichte und Zukunft europäischer Parkanlagen unter besonderer Berücksichtigung Wiens, Wien 1982, S 42
[17] zitiert nach Robert Schediwy: Denkmalschutz zwischen Pietät und Umwegrentabilität in ders. Städtebilder – Reflexionen zum Wandel in Architektur und Urbanistik, Wien 2005, S 354

men. Etwa ein ungeschlachtes Bankgebäude von Georg Lippert, von den Türmen des Zentralbesoldungsamtes in der weiteren Umgebung ganz zu schweigen.

Da scheint es schon beinahe nur mehr wie ein trauriges Nachspiel, wenn sich engagierte Bürger und die UNESCO-Beratungsorganisation ICOMOS um die Jahrtausendwende wieder gegen ein Hochhausprojekt in Stadtparknähe, das schon erwähnte Vorhaben Wien-Mitte wenden mussten.

Dabei ging es allerdings bereits um Bauhöhen an die hundert Meter. So zeugte ein Hochhaus das nächste, und eine Bausünde lässt die nächste geringer erscheinen. Die Stadtparkgegend ist jedenfalls heute, so wie das östliche Donaukanalufer, ein Dokument der baulichen Unkultur von der Wirtschaftswunderzeit bis heute. Die Hotels mit Parkblick und einige Versicherungspaläste am Donaukanalufer haben den Anfang gemacht. Hier wäre aber vielleicht, gleichsam stellvertretend für viele andere, eines der erfolgreichsten Proponenten der Architektur der Wirtschaftswunderzeit zu gedenken.

Der am 14.10.1992 hochbetagt verstorbene Georg Lippert hat einige stimmungsvolle Kirchen gebaut und war ein Freund der östlichen Gartenkunst. Andererseits hat er viele Bauten geplant oder mitgeplant, die von zahlreichen Wienern als „Bausünden" angesehen werden: etwa das Diana-Zentrum, das Versicherungsgebäude neben der Karlskirche anstelle des alten Frühwirth-Hauses oder das ehemalige Semperit-Hochhaus. Vom Bankgebäude beim Stadtpark hat er sich zwar zuletzt distanziert, aber sein Originalentwurf war noch klotziger. Lippert – wie Zeitgenossen versichern, ein Mann von beachtlichem persönlichen Charme – kann als Musterfall eines „flexiblen" Architekten gelten: Kirchenbauer für den „Ständestaat", Planer von Industrieanlagen für das „Dritte Reich", führend beteiligt am „Hugo Breitner-Hof" der sozialdemokratischen Wiener Gemeindeverwaltung, wurde er schließlich zum Stararchitekten der sechziger Jahre, der ebenso gute Kontakte zur Gemeindeverwaltung aufbaute wie zu den internationalen Konzernen. Manche scheinen ihm heute nachzueifern.

In seiner aktivsten Zeit hat ihm die Zeitung „Neues Österreich" (am 4.11.1960) geradezu eine Vorliebe für Palais-Grundstücke nachgesagt: Statt des Palais Lanckoronski habe er ein Bürogebäude für eine Chemiefirma geplant, anstelle des im Krieg unbeschädigt gebliebenen Palais Erzherzog Rainer das Semperit-Hochhaus. Auch das Frühwirth-Haus neben der Karlskirche war ursprünglich denkmalgeschützt. An seine Stelle trat ein von Lipperts Büro geplantes, heftig kritisiertes Versicherungsgebäude. Auch der schon erwähnte alte Heinrichhof wurde von Lippert und Partnern durch einen marmorverkleideten Kasten ersetzt.

Dass es Lippert nicht gelungen ist, eine in den sechziger Jahren für Dr. Schärf geplante Bundespräsidentenvilla unmittelbar hinter der Gloriette zu errichten, hat den alten Herren offenbar so verärgert, dass er diese verpasste „Großtat" noch in einer Ausstellung im Belvedere zu Anfang der neunziger Jahre dokumentierte.

Mit Lipperts Mobil-Haus am Schwarzenbergplatz, das eine Rekonstruktion einer historischen Fassade beinhaltet, hat der „Großarchitekt" in den achtziger Jahren dafür den auf Harmonie eingeschworenen Stadtbildschützern mehr Freude gemacht als seinen Berufskollegen, die ja mehrheitlich Stilkopien streng ablehnen. Zu Ende seiner langen Karriere hat er allerdings zu den Prinzipien seiner „großen Zeit" der sechziger Jahre zurückgefunden: Das große Bankgebäude am Stadtpark ist wieder ein ungeschlachter Hochhausklotz geworden.

Georg Lippert, der Mann mit dem „Sinn für Realitäten", war auch der große Gegenspieler von Roland Rainer als Vorsitzender des Wiener Fachbeirates für Stadtplanung. Gegenüber Rainers Idee der „Subcities" verfocht er die Idee der „City-Erweiterung" am Donaukanal und an den Rändern des ersten Bezirks. Das Resultat seiner leider höchst erfolgreichen Bemühungen lässt sich am Stadtpark und am Kanal sehen. Im hoch spekulativen Lippertschen Dianazentrum war nach kaum zwanzig Jahren das Bad zwar schon wieder so durchgerostet, dass es durch einen weiteren Neubau ersetzt werden musste – aber in gewissem Sinn ist auch das ganz im Sinne des Meisters selbst, denn „Die Stadt ist kein Museum", wie man heute gerne sagt, und je kurzlebiger Immobilienentwicklungen sind, umso mehr Aktivitätsvolumen entsteht für die Bauwirtschaft.

Architekten wie Georg Lippert, die unbestreitbare fachliche und organisatorische Kompetenz mit geradezu extremer „Elastizität" bei der Verwirklichung der Wünsche ihrer Bauherren verbinden, haben nicht nur in Wien sondern auch in vielen anderen Städten die „Baudenkmäler" der sechziger Jahre geschaffen. Es sind freilich eher Denkmäler im Sinne einer Aufforderung zum Überdenken jener Baugesinnung, die damals und auch wieder um die Jahrtausendwende in Blüte stand.

Das Erbe des Wirtschaftswunders

48: Das so genannte Frühwirth-Haus, Technikerstraße 9, neben der Karlskirche war nicht sehr dekorativ.

49: Der an seiner Stelle entstandene Bau des Architekten Georg Lippert ist es noch viel weniger.

50: Das Palais Erzherzog Rainer Wiedner Hauptstraße 63. Palaisspezialist Lippert errichtete an seiner Stelle die Zentrale einer auch schon untergegangenen Reifenfirma.

51: Die barocke Reitschule des Palais. Angeblich sollen ihre Teile noch zerlegt der Wiederaufrichtung harren.

52: Das Palais Lanckoronski am südlichen Gürtel (Jaquingasse 16-18) war einst berühmt für seine Kunstsammlung

53: Georg Lippert errichtete an seiner Stelle das Bürogebäude eines Pharmakonzerns

54: Das Juridicum (Hohenstaufengasse 11-13) ist ein interessanter moderner Bau von Ernst Hiesmayr. Dass aber wegen seiner Errichtung 1970 ein völlig intakter Baublock der Gründerzeit abgerissen werden musste, ist doch bedauerlich. Die so genannten Semperit-Häuser waren 1873 errichtet worden.

55: Bebauungsverdichtung am Stadtpark: Das einst noble Gartenbaugebäude Parkring 12, wirkte nach 1945 schon ziemlich desolat (Bild aus 1947).

56: Gegen das Gartenbau-Hochhaus erhob sich 1962 aber ein Sturm der Entrüstung

57: Dr. Karl Luegerring 10: ein 1945 beschädigter Bau Ludwig von Försters gegenüber der Universität

58: Dr. Karl Luegerring 10: 1969 errichteter Nachfolgebau Carl Appels

59: Das an Stelle des 1881 abgebrannten Ringtheaters errichtete Sühnhaus, Schottenring 7 (um 1946). Das Gebäude wurde zu Kriegsende stark beschädigt und 1951 abgerissen.

60: Die an dieser Stelle 1974 errichtete Polizeidirektion

Das große Theatersterben um 1960

Die Stadt ist ein lebendiger Organismus, in dem ständig neue Zellen heranwachsen und alte Zellen absterben. Die Vorstellung, alles Alte zu erhalten, ist natürlich unrealistisch. Auch das große Theatersterben der Zeit um 1960 war in gewissem Sinn wohl unvermeidbar. Trotzdem, und vor allem angesichts der meist recht nichtssagenden Bauten, die an die Stelle der alten Theater getreten sind, ist ein wenig Nostalgie am Platze.

Schon um die Zeit des Ersten Weltkrieges war das neue billige Volksvergnügen Film zur akuten Gefährdung des Theaters als Massenunterhaltung geworden. Man sprach bereits vor 1914 von einer Theaterkrise. In der Zwischenkriegszeit wurden viele Theater in „Filmpaläste" umgewandelt, zunächst ohne größere bauliche Veränderungen. Außerdem füllte die sangesfreudige Operettenepoche noch einmal die Theatersäle, da ja der Film zunächst noch stumm blieb. Das traditionsreiche Wiener Carl-Theater in der Leopoldstadt musste freilich schon 1929 seine Pforten schließen.

Nach 1945 brach aber die Theaterkrise voll aus. Maßnahmen wie die Subventionierung der Theater durch den von den Kinos eingehobenen Kulturgroschen wurden spätestens zu dem Zeitpunkt problematisch, als auch die Kinos unter den Druck des Fernsehens gerieten. Für eine Reihe traditionsreicher Wiener Theater schlug deshalb um 1960 die letzte Stunde.

Den Anfang machte das Johann Strauß-Theater auf der Wieden, später Scala genannt, das im Sommer 1959 abgerissen wurde. Es hatte ein bewegtes Schicksal hinter sich. 1908 in neubarocken Formen erbaut, verlor das Haus 1931 durch eine Modernisierung bereits viel von seinem dekorativen Schmuck und wurde in ein Kino umgewandelt. Nach dem Krieg diente es – wieder als Theater – der russischen Besatzungsmacht als Propagandaforum. Diese ließ vor allem politisch genehme Künstler wie Therese Giese, Karl Paryla und andere hier auftreten und inszenieren, deren oft bedeutende künstlerische Leistungen von der Mehrheit der Wiener Theaterkritiker bewusst ignoriert wurden. Nach dem Abzug der Besatzungsmacht geriet das Theater endgültig in die Krise und wurde am 30. Juni 1956 geschlossen.

Kurz darauf, 1960, riss man auch das Bürgertheater in der Vorderen Zollamtstraße ab. Der 1905 eröffnete Bau am Wienfluss war zuletzt Studio des amerikanischen Senders Rotweißrot gewesen und hatte als Haus der Jugend gedient. Für den Neubau, das Direktionsgebäude der Zentralsparkasse, durfte sogar die alte Baulinie überschritten werden.

Ein besonders traditionsreicher Theaterbau war das Stadttheater in der Laudongasse. Es war von dem bedeutenden Theaterarchitekten Oskar Kaufmann 1912-13 errichtet worden. Hier hatte „Das weiße Rössl am Wolfgangsee" in der Zwischenkriegszeit Triumphe gefeiert. Ähnlich wie die Scala von den Russen, wurde das Stadttheater nach 1945 von den Amerikanern genutzt. Später mietete der Österreichische Rundfunk den Bau für Fernsehaufzeichnungen, bevor er nach einigen Meinungsverschiedenheiten ins Ronacher übersiedelte. 1961 wurde der Bau abgerissen und durch den Lippert-Bau „Haus des Buches", die (unterdessen an den Neubaugürtel übersiedelte) Zentrale der Wiener Stadtbibliothek, sowie ein Studentenheim ersetzt.

Aber nicht nur die genannten Theaterbauten waren damals in Gefahr. Auch das Theater an der Wien entging nur knapp dem Abbruch – nur das Papageno-Tor war ursprünglich denkmalgeschützt. Mit Ende Jänner 1960 stellte auch das Varieté Ronacher den Betrieb ein. Die traditionsreiche Bühne, in der nach 1945 zeitweilig das Burgtheater seine Heimstatt gefunden hatte, wurde später für Fernsehaufzeichnungen genützt. Ihr Schicksal ist erst Ende der achtziger Jahre positiv im Sinne einer Revitalisierung entschieden worden.

Eine wirkliche und unnötige Bausünde leistete sich die Wiederaufbauepoche allerdings mit dem Umbau der Volksoper. Der reich geschmückte Neo-Renaissance-Bau hatte den Krieg fast unbeschädigt überstanden und diente nach 1945 zusammen mit dem Theater an der Wien der Staatsoper als Behelfsquartier. Eine bühnentechnische Modernisierung bot zu Anfang der sechziger Jahre den Vorwand, den Stuckdekor weitgehend zu beseitigen und stilistisch höchst unpassende moderne Zubauten zu errichten. Vielleicht wäre es sogar besser gewesen, wie ursprünglich geplant, den gesamten Baukörper hinter einer Glaskonstruktion zu verstecken. Mit der heute vorliegenden Halbheit, dem Resultat mehrfachen „Herumdokterns", kann sich wohl niemand identifizieren.

Verschwundene und verunstaltete Theaterbauten

61: Das Carltheater wurde schon 1929 geschlossen. 1944 wurde der Zuschauerraum fast völlig zerstört. Die künstlerisch wertvolle Fassade blieb nahezu intakt, wurde aber 1951 abgerissen. Heute erhebt sich hier das Galaxie-Hochhaus (Praterstraße 31-33).

62: Das 1908 als Operettenbühne errichtete Johann Strauß-Theater in der Favoritenstraße 8 wurde nach 1945 zum kommunistischen Neuen Theater in der Scala. Es wurde 1959-60 abgerissen.

63: Das Gegenstück zur russisch beeinflussten Skala war das zum „Rex" mutierte Stadttheater in der Laudongasse 36. Nach Abzug der Besatzungsmacht wurde der 1912 errichtete Bau 1961 abgerissen.

64: Das „Haus des Buches" (Architekt Georg Lippert) ist unterdessen auch wieder übersiedelt.

Abb. 497. Wiener Bürgertheater.

65: Das 1905 errichtete Wiener Bürgertheater (Vordere Zollamtsstraße 13) wurde nach 1945 zum Veranstaltungsort der amerikanischen Besatzungsmacht. Es wurde 1960 abgerissen.

66: Die Volksoper am Währinger Gürtel – 1898 als Sprechtheater errichtet, seit 1903 Opernbühne und 1973 Objekt einer misslungenen halben Modernisierung.

Wien auf dem Weg zur Weltstadt?

Anfang der 1960er Jahre überreichte die Gemeinde Wien ihren Jungbürgern ein Buch, das als typisches Zeitgeist-Dokument gelten kann. Es hieß: „Verliebt in Wien". Ein junger Wiener gibt sich darin als Tourist aus, um eine Hostess des Wiener Fremdenverkehrsamtes näher kennen zu lernen. Unter anderem bewundert er die „einfallsreiche Architektur" des damals noch neuen Jugendgästehauses in Hütteldorf (es wurde anstelle des historisch bedeutsamen Hackinger Schlössels errichtet). Er besucht auch den Leiter des Stadtbauamtes, dem folgende Sätze in den Mund gelegt werden: „Viele Gebäude, später vielleicht ganze Stadtviertel, die baufällig werden, wird man niederreißen, entweder in Grünanlagen verwandeln oder sehr locker, also modern verbauen. Der trostlose Zinskasernenraster ... wird allmählich durch gesunde, freundliche Wohngebiete ersetzt ... ". Über das Gesicht der „neuen Stadt" heißt es: „Klare Linien, scharfe Formen. Die Schnörkel der Vergangenheit sind verschwunden." Die dazugehörigen Abbildungen zeigen stolz die inzwischen längst in Verruf gekommene Emmentaler-Architektur. Bezeichnend sind auch die Vorstellungen über die Zukunft des Verkehrs: „Die letzten Fußgänger hasten in Tunnels unter der Erde, vorbei an Frühstücksautomaten ... Für sie ist Tageslicht selten geworden. Ihr Leben spielt sich in den Tunnels ab ... Man rollt nebeneinander dahin und rätselt, welches Wetter wohl oben in den geheizten und garantiert schneefreien Straßen herrscht ... " Auf einer Doppelseite hat ein Zeichner eine solche Idylle graphisch dargestellt: Einzelne Gründerzeitblocks stehen verloren zwischen breiten achtspurigen Autobahnen und Hochhausklötzen. Auf deren Flachdächern parken Luftkissenfahrzeuge, die mit den damals im Autobau unverzichtbaren Haifischflossen versehen sind.

Liest man heute solche Zeugnisse des Zukunftsoptimismus der fünfziger und sechziger Jahre, weiß man nicht recht, ob man sie als Wunsch- oder Alpträume betrachten soll. Es war eine Zeit, die an das technisch Machbare glaubte, und voll von ihrer Überlegenheit überzeugt war. Damals wurden Autobahnbrücken quer über den Bodensee und den Neusiedlersee geplant, man malte sich die Eroberung des Weltalls aus, und ein französischer Ingenieur träumte sogar von einer Trockenlegung des Mittelmeers zur Verbindung Frankreichs mit Französisch-Algerien. Heute schaut die damals anvisierte Zukunft allerdings sehr alt aus. Das berühmte Wahlplakat der Wiener SPÖ, „Damit Wien wieder Weltstadt werde", vom Oktober 1954 mit Ringturm und Stadthalle, das damals „voll im Zeitgeist" lag, verwundert heute höchstens. Auch der 1957 fertiggestellte Matzleinsdorfer Südturm wirkt trotz Renovierung ein wenig „absgesandelt", sein später berüchtigtes Selbstmörder-Cafe im obersten Stockwerk ist seit vielen Jahren geschlossen. Die Erinnerung daran, dass manche die Schlösser und den Kaiserpark von Laxenburg zum Zentrum einer Wiener Weltausstellung von 1967 machen wollten,[18] erweckt heute leise Schauder. Trotzdem gab es auch damals schon vor-

---

[18] Ein solches Projekt wurde im Oktober 1959 in den Medien als „große Chance" propagiert. Vgl. Robert Schediwy Städtebilder, S 304

ausschauende Architekten. Roland Rainer, der 1958 zum Stadtplaner bestellt wurde, kämpfte vehement gegen die Zerstörung der alten Dorfkerne am Stadtrand. Er verwarf den bis dahin immer noch gültigen Stadtregulierungsplan von 1893, der einen Teilabbruch vieler reizvoller Innenstadtviertel zugunsten breiter Straßenschneisen vorgesehen hätte. Der Heiligenkreuzerhof wäre danach verbaut, die Schönlaterngasse in eine breite, gerade Straße verwandelt worden. Die schönen Höfe alter Häuser am Spittelberg, in Alt-Hietzing, Pötzleinsdorf, Sievering, Neustift wären vernichtet worden. Rainer kämpfte, nebenbei gesagt, auch gegen die Aufstellung der damals hochmodernen Peitschenleuchten an historischen Stellen. Und er forderte die Beschränkung der Gebäudehöhen auf das Maß der vorhandenen Bebauung, um den Anreiz zu weiteren Zerstörungen abzublocken. „In einer solchen Situation kann Fortschrittlichkeit nur darin bestehen, in Fragen des Stadtbildes konservativ zu sein", formulierte er sein Planungskonzept aus 1962. Rainer hat zwar auch die Grundlagen für die Flächensanierung mehrerer alter Viertel, die heute sicher schonender behandelt würden, geschaffen: Etwa im Lichtental im 9. Bezirk oder in Alt Erlaa und im Storchengrund. Trotzdem erreichte er viel Positives.

Den großen Modernisierern war Rainers Stadtplanungskonzept mit dem Gedanken neuer Sub-Cities, unter anderem beim Arsenal und am Nordbahnhofgelände, allerdings zu konservativ. Rainers großer Gegenspieler Architekt Lippert plädierte im Gegensatz dazu für eine City-Erweiterung; sein 1961 eröffnetes Hochhaus der Bundesländer-Versicherung erläuterte, was er unter Erschließung des Leopoldstädter Donauufers für die Wiener City verstand. Der Protest Roland Rainers gegen Lipperts Pläne eines Diana-Zentrums („Stadtbildstörende Skyline") bildete den Anlass für einen Konflikt zwischen Rainer und dem Fachbeirat für Stadtplanung (Vorsitzender Lippert), der im Dezember 1961 ein großes publizistisches Echo fand.

Roland Rainer, der in mancher Hinsicht auch ziemlich problematische Seiten hatte, verfügte hier sicher über die menschenfreundlicheren Ideen. Aber sie fanden keine entsprechende Realisierung. In mancher Hinsicht war Rainer – jedenfalls nach dem Urteil von Zeitgenossen – vielleicht zu sehr Visionär und zu wenig Verwaltungsfachmann. Seine Vorstellung einer Neben-City auf den Nordbahnhofgründen ist beispielsweise zwar immer noch faszinierend, aber weiterhin Zukunftsmusik. Seine Gegner aber könnten heute triumphieren. Die City-Erweiterung über den Donaukanal hinweg ist ein Faktum geworden.

Um die Mitte der 1960er Jahre begann allerdings ein zumindest zeitweiliger Schwenk der öffentlichen (und vor allem der veröffentlichten) Meinung. Auslöser war das Schockerlebnis des Abrisses der Florianikirche.

Der Anfang der 1960er Jahre hatte noch eine richtige Abrissorgie gebracht. 1962 wurden nach vieljährigen Debatten die Sterngassehäuser abgerissen. Es wurde die Garnisonkirche zum größten Teil abgetragen und hinter ihrer potemkinschen Fassade das Albert Schweitzer-Haus errichtet. Im selben Jahr fiel die Entscheidung über den Abriss der Dianabad-Ruine, der Nordbahnhof wurde beseitigt, ebenso das Erdberger

Schlössel, das Stadtbahn-Stationsgebäude Hietzing, und der Abschied von der letzten Wiener Gaslaterne wurde gefeiert. 1963 war Otto Wagners Villa Ben Tiber (heute Villa Ernst Fuchs in Hütteldorf) ernsthaft von der Spitzhacke bedroht. Und der an einem „Denkmalschutz der Fassaden" orientierte Wettbewerb zur Umgestaltung des Palais Trautson provozierte den Kommentar Friedrich Achleitners: „Warum gründet man keinen Verein der Freunde der Zerstörung Wiens?" [19]

Das Jahr 1965 brachte aber den Schock, der ein zumindest zeitweiliges Umdenken bringen sollte: den Abriss der Florianikirche (auch Rauchfangkehrerkirche genannt) auf der Wiedner Haupstraße. Die Kirche war zwar kein bedeutender Barockbau, aber durch ihre Lage ein echtes Wahrzeichen. Freilich war sie auch ein „Verkehrshindernis", und aus diesem Grund hatten sich Kirche und Gemeinde schon seit Jahren geeinigt, den Bau in der Straßenmitte durch eine neue Kirche am Straßenrand zu ersetzen. Die Autofetischisten, die damals meinten, Wien nähere sich einem „denkmalgeschützten Groß-Lainz", bejahten diese Maßnahme im Sinne eines „motorbewußten Regulierungsplans". 13.000 Wiener aber unterschrieben, um die Florianikirche zu erhalten. Trotzdem suchte die Kirche gemäß ihrer Vertragsverpflichtung gegenüber der Gemeinde Wien aus dem Jahr 1955 um Abbruchgenehmigung an. Am 30. August 1965 begann die Demolierung. Ein sonst unauffälliges Wohnhaus in der nahegelegenen Rainergasse dokumentiert in seinen zwei Mosaikabbildungen die beiden Konzeptionen, die damals zur Debatte standen: Einerseits Alt Wien mit der Florianikirche in der Straßenmitte, andererseits die Vorstellung einer von Stelzenautobahnen durchzogenen, mit Hochhäusern gespickten modernen Stadt. Wieviel wertvoller das zerstörte Alte war, wurde aber deutlich, als die Gemeinde Wien, um die erhitzten Gemüter zu beruhigen, einen Wettbewerb für ein neues Wahrzeichen in der Mitte der Wiedner Hauptstraße ausschrieb. Der Wettbewerb wurde weitgehend boykottiert, der Sieger, der spätere UNO-City-Architekt Staber, wurde mit seinem feuerzeugartigen Glockenturm zum Gespött der Karikaturisten. Auf eine Errichtung dieses „Wahrzeichens" wurde verzichtet. Ganz nebenbei bemerkt: Fast gleichzeitig mit der Florianikirche starb auch die Unter St. Veiter Pfarrkirche – ein bescheidenes Bezirkswahrzeichen, aber eines, das noch von so manchem Bewohner des 13. Bezirkes nostalgisch erinnert wird, nicht zuletzt wegen der harmonischen Einbindung in eine kleine Grünfläche, die beim Neubau der Kirche weitgehend verloren gegangen ist.

Die Abbruchwelle ging noch eine Weile weiter. 1966 hieß es: „Das Geyling-Haus muss sterben" (der Denkmalschutz des Hauses Windmühlgasse 28 war 1959 wegen Verkehrsbehinderung aufgehoben worden). Auch das Haus des Café Goethe in der Mariahilfer Straße war zu „hervorragend", und 1968 wurde sogar, quasi zum 50. Todestag Otto Wagners, die in eindrucksvollem Jugendstil gehaltene Stadtbahnstation Meidling Hauptstraße demoliert. Die Proteste dagegen waren ebenso heftig wie vergeblich. Trotzdem stellt die Kontroverse um die Florianikirche so etwas wie einen

---

[19] Zitiert nach Die Presse 16.11.1963, abgedruckt in F. Achleitner „Nieder mit Fischer von Erlach", Salzburg 1986, S77

ersten Wendepunkt dar Die Demolierer wurden langsam in die Defensive gedrängt. Der hilflose „Wahrzeichen-Wettbewerb" 1966 machte das deutlich. Immer stärker wurden nun auch die Rufe nach Unterschutzstellung der Heurigenvororte Salmannsdorf und Sievering, und es war sogar die Rede von einem Altstadterhaltungsgesetz und einer Finanzierungsaktion für Althausfassaden. Der entscheidende Stimmungsumschwung trat aber erst um 1970 ein. Damals musste zwar noch, vollkommen unnötiger Weise und gegen den Willen des planenden Architekten Anton Schweighofer, das Lederer- (vormals Huldenberg-) Schlösschen Fischer von Erlachs in Weidlingau der Errichtung der kommunalen „Stadt des Kindes" weichen. [20] Aber Studentenproteste stoppten bereits den geplanten Abbruch des Semperdepots, und der Plan eines Abrisses des Palais der österreichisch-ungarischen Bank wurde nicht mehr realisiert. Unter dem Titel Palais Ferstel ist dieser schöne Bau des romantischen Historismus heute eine der gefragtesten zentralen „Event locations" etwa für Kongresse oder Antiquitätenmessen 1972 wurde mit dem Wiener Altstadterhaltungsgesetz dann ein Weg beschritten, der, wie es schien, auf Dauer eine Abkehr von den spekulativen Zerstörungen wertvoller Bausubstanz bringen sollte.

---

[20] Der 1974 errichtete interessante Bau Schweighofers ist selbst bereits wieder aktuell dabei, weitgehend zerstört zu werden

Abschied vom „Unbrauchbaren" und von „Verkehrshindernissen"

67: Die Floriani- oder Rauchfangkehrerkirche in der Wiedner Hauptstraße. „Fortschrittlichen" Kreisen in Kirche und Gemeinde galt sie um 1960 bloß als Verkehrshindernis, anderen als Wahrzeichen.

68: Im September 1965 wurde sie trotz vieler tausender Protestunterschriften demoliert.

69: Das vorgesehene Ersatzmonument blieb gottlob ungebaut.

70: 1968, wurde trotz zahlreicher Proteste Otto Wagners Stadtbahnstation Meidling Hauptstraße demoliert.

71: Nach langem Tauziehen erfolgte 1961 der Abriss der Renaissancehäuser Sterngasse 5-7.

72: Unbrauchbare und untergenutzte Palais und Villen müssen weichen: Das Palais des Stahlmagnaten Wittgenstein (Argentinierstraße 16)

73: ... und was heute an seiner Stelle steht.

74: Das Palais Miller Aichholz, später Castiglioni (Prinz Eugenstraße 28)

75: ... und was 1961 an seine Stelle trat.

76: Schloßhotel Cobenzl in den 1930er Jahren.

77: Vor dem ersatzlosen Abriss. Bis in die 50er Jahre als Sitz internationaler Organisationen im Gespräch wurde das Gebäude dem Verfall preisgegeben und letztlich abgerissen.

78: Das Czartoricky-Schlössel in der Währinger Straße 175-181, ein klassizistischer Bau vom Beginn des 19. Jahrhunderts sah zuletzt schon etwas ramponiert aus (Abbildung März 1957).

79: Die Gemeinde Wien errichtete statt dem zuletzt als Kinderheim genützten Schloss eine Sonderschule. (Foto 1959).

80: Amerlingstraße 6: Das vormalige Palais Albrechtsburg, Kaunitz und Esterhazy diente bereits seit 1869 als Gymnasium (Foto aus 1906).

81: 1967 wurde der Denkmalschutz aufgehoben, 1970 erfolgte trotz zahlreicher Proteste der Abbruch zugunsten eines banalen aber wohl praktischeren Neubaus (Foto um 1985).

82: Das Sickenberg-Schlösschen mit prachtvollem Interieur (Sickenberggasse 1). Das erst 1920 von Hugo Stern restaurierte Schlösschen stand um 1950 im Besitz der KPÖ. Die Demolierung wurde durch Gebäudeschäden begründet. Heute steht auf dem Areal eine Wohnhausanlage der Gemeinde.

83: Maxingstraße 24: Ein Baujuwel aus dem frühen 19. Jahrhundert wurde 1951 abgebrochen (Foto aus 1899).

84: Das Hackinger Schlösschen (Schloßbergstraße 8) musste einem Jugendgästehaus weichen. Der große Park war, wie in ähnlichen Fällen, der Anlass für eine Bebauungsverdichtung und wirtschaftlicher Nutzung. 1955 ließ die Gemeinde Wien Schloss und Nebengebäude demolieren.

85: Der Architekt der „Stadt des Kindes" Anton Schweighofer wollte das so genannte Lederer- oder Huldenberg-Schlösschen, Mühlberggasse 9, als Direktionsgebäude erhalten. Der Bauherr, die Gemeinde Wien, legte keinerlei Wert darauf. Der Abriss erfolgte 1971.

86: Mittlerweile ist auch die „Stadt des Kindes" Geschichte und der Ort des sozialen Experimentes wird mit Wohnbauten verwertet.

87: Das Militärmedikantendepot (Rennweg 12), ein verträumtes Stück Alt-Wien, wurde 1972 abgerissen

Kurzfristige Besinnung auf Altstadt und Grün

Während zu Ende der 1960er-Jahre noch ein letztes Überschießen des technokratischen Planungsoptimismus feststellbar ist und – in der jungen Architekturszene – utopische Allmachtsphantasien von Städten im Meer, auf Berggipfeln und sogar „walking cities" dominierten, machte sich in ganz Europa immer deutlicher das Unbehagen der Durchschnittsbürger über die wachsende Unwirtlichkeit ihrer Städte bemerkbar.[21] Die drohenden Prophezeiungen des Club of Rome und die politisch-ökonomisch bedingte Ölkrise von 1973 brachten hier letztlich auch ein – wenigstens zeitweiliges – Umdenken der veröffentlichten Meinung und vieler Stadtväter – von Paris bis Wien.

Die vordringende Zeitgeisttendenz pflegte ein besonderes Bewusstsein für den Wert des baukulturellen ebenso wie des Naturerbes. Es ist kein Zufall, dass in diesen „grünen" und altstadtbewussten 1970er Jahren sowohl das Denkmalschutzjahr 1975 gefeiert wurde wie das Welterbekomitee der UNESCO gegründet wurde.

Nicht, dass die entsprechenden Anliegen nicht auch schon vorher von vielen vertreten worden wären. Nun aber standen sie auch in der Zeitung – und zum Teil sogar in einzelnen Gesetzen. Mit der praktischen Umsetzung freilich, war es schwerer. Das erweist nicht zuletzt das Beispiel Grün in der Großstadt:

Wien, so heißt es oft, sei eine der grünsten Großstädte Europas. Das stimmt und stimmt doch nicht. Sicher hat Wien mehr Grünflächen pro Einwohner aufzuweisen als etwa Paris. Rechenkunststückchen, bei denen die Fläche des Lainzer Tiergartens und des Praters mit dazu herangezogen werden, das Grün pro Einwohner zu berechnen, helfen aber den Bewohnern der dichter verbauten Gründerzeitviertel wenig. Darüber wurde man sich um 1975 schmerzhaft klar.

Ein Ruhmesblatt der Gemeinde ist sicher, dass in den Außenbezirken seit 1945 große Grünanlagen geschaffen worden sind. Der Donaupark, der Kurpark Oberlaa – als Ergebnis der Gartenausstellungen 1964 und 1974 – zählen dazu. Besonders verdienstvoll ist die Freihaltung der neugeschaffenen Donauinsel von jeder größeren Bebauung.

Das alles konnte freilich an der Unterversorgung mit Grün, besonders der gürtelnahen Wohnviertel, nichts ändern. Die eigentlichen Bausünder waren hier die Bauherren der Gründerzeit, die die feudalen Adelsparks rücksichtslos parzelliert hatten. Nun aber wurde man sich klar, dass gegen diese Grünarmut großer Teile Wiens so lange kaum etwas unternommen wurde. Statt wo immer es nur geht, „Grün ins Grau zu bringen", wurden in den fünfziger und sechziger Jahren die innerstädtischen Miniparks nur mit viel Geldaufwand „neu gestaltet". Die Kieswege wurden durch „pflegeleichten" Asphalt oder durch eckige Waschbetonplatten ersetzt. Statt lauschiger Fliederhecken gab es nun Rasenflächen, durch die der wachsende Verkehrslärm ungehindert eindringen konnte. Besonders unsinnig war die Abmontierung des schö-

---

[21] Der glücklich gewählte Titel des 1965 publizierten kritischen Buches von Alexander Mitscherlich „Die Unwirtlichkeit unserer Städte. Thesen zur Stadt der Zukunft" wurde zum Schlagwort.

nen Stadtparkgitters unter dem Vorzeichen fehlgeleiteter Schlagworte von Offenheit und Demokratisierung. Der Rechtwinkeligkeitswahn in der Gartengestaltung, wie er z.B. den WIG-Park 1964 gekennzeichnet hat, ist unterdessen längst aus der Mode gekommen und teilweise beseitigt, so wie auch die Seebühne, der Sessellift oder das Gartenschaukino. Aber viel Geld, das in solche „kurzlebige Attraktionen", wie auch die Einschienenbahn und den Vergnügungspark Oberlaa geflossen ist, wäre beim Ankauf von Grundstücken für kleine Zentrumsparks besser angelegt gewesen.

Ein paar Jahre lang haben sich allerdings die Politiker des Grünthemas angenommen – freilich meist in der Weise, dass sie verlangt haben, jene Bauplätze in Parks umzuwandeln, die „der anderen Fraktion" zuzurechnen waren. Sehr erfolgreich waren diese Propaganda- und Alibiaktionen nicht: Weder im Fall der sogenannten Scala-Gründe im 4. Bezirk, wo an der Stelle des ehemaligen Theaters in extrem verkehrsreicher Lage ein Wohnhaus errichtet wurde, noch im Falle der so genannten Böhm-Gründe im 7. Bezirk, auf denen im übrigen gleiches geschah, aber mit noch extremerer Nutzungsverdichtung.

Trotzdem ist es unter dem Druck der Bevölkerung und der Medien Ende der siebziger Jahre zur Schaffung einiger innerstädtischer Grünflächen gekommen. Die Sternwartepark-Abstimmung 1973 und jene über die Steinhofgründe Anfang der achtziger Jahre lehrten die Politiker und die Stadtverwaltung ein wenig das Fürchten und zeigten, wie wichtig das Grün für die Menschen ist.

Unterdessen scheinen viele Politiker diese Lektion aber vergessen zu haben. Die Meinungsumfragen zeigen zwar immer noch, dass die Stadtbewohner Sehnsucht nach mehr Grün haben. Die gürtelnahen Bereiche sind allerdings unterdessen zum Teil zu Ausländerghettos geworden und Zuwanderer sind keine sehr aktiven Wähler. Manche Politiker, die früher gerne für „Mehr Grün in der Großstadt" aufgetreten sind, haben sich Ende der achtziger Jahre, zu Zeiten der EXPO-Euphorie, geradezu als Betonierer profiliert: Das ursprüngliche, ausgesprochen grünfeindliche Ortner-Projekt des Museumsquartiers war ein typisches Zeitgeistprodukt dieser Jahre. Zuletzt kamen aber doch einige wenige, eher widerwillig akzeptierte Bäume in diesem verpflasterten Höfekomplex zu ihrem Recht.

SPÖ und ÖVP sollen sogar, wenn man den Grün-Alternativen Oppositionspolitikern glauben darf, Anfang der neunziger Jahre einen Kuhhandel geschlossen haben, um sich gegenseitig die Verbetonierung des Grünraums ihrer Wiener Parteiakademien am Khleslplatz und am Tivoli zu sichern.

Auch nach der Jahrtausendwende erscheint zwar die Nachfrage nach innerstädtischem Grün ungebrochen, aber seine Popularität in der veröffentlichten Meinung ist gegenüber 1975-80 stark reduziert – eine Parallele zum Schicksal der ab 1973 in Wien auf der Basis des Altstadterhaltungsgesetzes eingerichteten Schutzzonen, deren alter Baubestand heute wieder eine leichte Beute der Spekulation zu werden scheint.

Die Gegenoffensive

Etwas mehr als ein Jahrzehnt dauerte die grün-, Denkmalschutz- und bürgerfreundliche Phase der Wiener Stadtpolitik, die auch medial entsprechend orchestriert war. Mitte der 1980er Jahre änderte sich der Zeitgeist wenigstens der „veröffentlichten Meinung" aber wieder drastisch, auch wenn die Bedürfnisse der Menschen wohl so ziemlich die gleichen blieben. Bürgernähe wurde von „neuen Eliten" der in die Schaltstellen vieler Institutionen nachrückenden ehemaligen 68er-Rebellen nun als spießig und beinahe faschistisch abgetan. Schon vor der „Wende" im Osten mit ihren kurzfristig etwas überschießenden Wachstumsphantasien gelang es den Neomodernisten, die allzu altstadtfreundlichen Tendenzen der Wiener Bauordnung zu „entschärfen". Die Novellierung des Schutzzonenparagraphen der Wiener Bauordnung und die erste Stufe des Architektenwettbewerbs zum Thema Messepalast (später Museumsquartier) setzten hier 1987 eindeutige Zeichen. [22] Trendsetter der Architekturkritik erklärten die „weiche" Postmoderne für „out". Jetzt wurde wieder „harte Großstadtarchitektur" propagiert. Die Bäume und Brunnen der Fußgängerzonen wurden geringschätzig belächelt. Die neuen Stararchitekten Coop Himmelb(l)au bezeichneten den Karl-Marx-Hof im Gespräch mit Peter Noever als „Mief" und pflegten eine „Ästhetik der Verletzung", [23] Andere witterten bei allem, was mit Heimat und Heimeligkeit zu tun hat, „Faschismus"[24]. Eine für 1995 geplante Weltausstellung in Wien und Budapest heizte die Phantasien der Architekten und Immobiliendeveloper an. Die Expo- und Metropolenträume der kulturprogressiven Yuppies endeten zu Anfang der neunziger Jahre allerdings zunächst einmal in einem handfesten internationalen Immobilienkrach und in einer Abfuhr in der Wiener Volksbefragung vom Mai 1991.

Dennoch blieb das mediale Meinungsklima stabil antipostmodern. Dabei verstiegen sich auch ernst zu nehmende Kritiker zu den sonderbarsten Argumenten. Ein Beispielsfall: Am 26.1.1968 war es, nach langen Geburtswehen, im Wiener Gemeinderat zum Grundsatzbeschluss gekommen, eine U-Bahn zu bauen. [25] Im Vergleich zu älteren U-Bahnen anderer Städte, etwa jenen von Paris, London oder Madrid, ist die modernere Wiener U-Bahn mit großzügigen Rolltreppen und Aufzügen ausgestattet. Ältere und behinderte Menschen müssen sich hier also nicht, wie etwa bei der Pariser

---

[22] siehe dazu der Beitrag von Claus Süss im vorliegenden Buch
[23] Vgl: Die Presse, 1.8.1990. Mit seiner „Architektur des von der Lenksäule durchbrochenen Brustkorbs" (Eigendefinition) steht das dekonstruktivistische Architektenteam natürlich in schroffem Gegensatz zu allen postmodernen Beheimatungsphantasien.
[24] Die Gruppe Haus-Rucker formulierte im Prospekt bzw. „Ausstellungsbegleiter" ihrer Schau in der Kunsthalle Wien 1992: „Alle Formen von Heim und Heimat tragen den Virus nationalsozialistischer Überzeugung in sich" und feierten die „befreiende Fremdheit des Hotelzimmers". Animator der Haus-Rucker war der spätere Wiener Großarchitekt Laurids Ortner.
[25] Näheres zur Genese der U-Bahn bei Ernst Kurz: „Die städtebauliche Entwicklung der Stadt Wien in Beziehung zum Verkehr", Magistrat der Stadt Wien Geschäftsgruppe Stadtplanung, Wien 1981

Metro, treppauf, treppab durch zugige Ganglabyrinthe quälen. Frauen mit Kinderwagen haben in Paris ja überhaupt kaum Chancen.

Da verwundert es, dass die Wiener Architekturkritik speziell mit der U3 anlässlich der Eröffnung ihres ersten Teilstückes 1991 nicht eben sanft umgegangen ist. „Unangemessene Prächtigkeit" und „historisierende Gestaltfixierung" wurden da von den Kulturaposteln hämisch vermerkt. Die Stationsgebäude seien „so prunkvoll wie die in Moskau", während in den „wirklichen Weltstädten" ein U-Bahn-Eingang doch bloß ein „Loch im Gehsteig" sei.[26]

Man kann nun sicher darüber streiten, ob beim Bau der U3 so viele edle Materialien notwendig waren. Oft stellt sich allerdings heraus, dass scheinbare „Verschwendung" sich längerfristig auszahlt. Die zitierte Moskauer U-Bahn ist ein wirkliches Wahrzeichen dieser Stadt geworden. Und ein bloßes Loch im Gehsteig ist eben nicht gerade benutzerfreundlich. Die bloße Tatsache der „Prächtigkeit" in so unsachlicher Weise zu kritisieren, erweckt Kopfschütteln.

Anlass zum Kopfschütteln ist aber auch sonst bei vielen Äußerungen der Wiener Architekturkritik dieser Jahre gegeben. Vieles, was sie als „Bausünden" geißelte, wird von der Mehrheit der Bevölkerung aber auch der kulturinteressierten Schichten eher positiv gesehen. Manches, was sie in den Himmel hob, erregte in weiten Kreisen dagegen Befremden.

Krems ist bekannt für seine vorbildliche Altstadtpflege. Die bekannte Architekturkritikerin Liesbeth Wächter-Böhm ätzte damals allerdings genussvoll über die „bonbonfarbene Verkremserung" die immer mehr um sich greife. Sie wünschte sich übrigens für den Rathausplatz einen „weltstädtischen Aluminiumcontainerbau".

Und was soll man zu den förmlichen Hassorgien der Kritik sagen, die Friedensreich Hundertwasser zu hören bekam, seit „sein" Haus (trotz des nicht sehr geistesverwandten Architektenpartners Krawina) im 3. Bezirk zu einer Touristenattraktion geworden war? „Behübscher" nannte man ihn und „Kitschapostel", die abwertenden Ausdrücke gingen bis zur „Beulenpest[27]". Aber wenn man in seinem Besucherbuch nachliest, wird man feststellen, dass sehr vielen Leuten, Einheimischen wie Fremden, dieser üppig geschmückte, kindlich-fröhlich anmutende Baustil um einiges lieber ist als die meist zu asketischer Strenge tendierende, preisgekrönte moderne Architektur. Sogar Hundertwassers etwa 600 Mio. Euro teure Verschönerungsaktion für die Spittelauer Müllverbrennung gefällt vielen Menschen recht gut. Über solche Geschmacksfragen lässt sich sicher schwer streiten. Eindeutig ist, dass die Schere zwischen dem Geschmack des breiten Publikums und den „Eliten" seit Anfang der 1980er Jahre wieder auseinandergegangen ist. Nach der Welle des Denkmalschutzes und der Altstadtnost-

---

[26] zum unfreundlichen Echo der Architekturkritik auf die U3 vgl Robert Schediwy; „Kleine Chronik" a.a. O, S 302

[27] Vgl: Liesbeth Wächter-Böhm in Die Presse 31. 12. 1993, bezeichnete die Ausbreitung der Hundertwasserbauten als „Beulenpest",Dietmar Steiner sprach im Kurier vom 10.April 1994 von einem „Krebsgeschwür". Vgl. Robert Schediwy: Hundertwassers Häuser, Wien 1999

algie predigten die Architekturgurus ab etwa 1985 wieder „harte Großstadtarchitektur" mit Stahl und Glas. Die verspielte und populäre Postmoderne wurde für „out". erklärt. Bäume, Brunnen und Blumentröge der Fußgängerzonen und freundlich gefärbelte Altstadtfassaden wurden von Zeitgeistmedien zuweilen geradezu verhöhnt.

Bernd Lötsch hat zu Beginn der 1990er Jahre festgestellt, das Siegerprojekt zum Wiener Museumsquartier habe keinen einzigen Baum zur Begrünung des Höfeareals des Messepalastes vorgesehen. Das ist sicher kein Zufall. Ortner und Ortner haben sich in ihrem schon zitierten Begleiter zur Haus-Rucker-Ausstellung von 1992 nicht umsonst zu einer „Architektur für Philip Marlowe" bekannt, also wohl für einsame Männer in einer großen Stadt. Ein moderner Architekt, der etwas auf sich hält, ist offenbar gegen Bäume in der Stadt mindestens ebenso allergisch wie ein Schauspieler auf ein Kind oder Tier, das ihm auf der Bühne die „Show stiehlt"...

Natürlich darf niemandem vorgeschrieben werden, was ihm gefallen soll. Wo große öffentliche Mittel verbaut werden, sollte der Geschmack der Steuerzahler nicht beiseite geschoben werden. Die Neigung mancher „Modernitätsapostel", alles was ihnen nicht passt, als rechtsradikal und ewiggestrig abzutun, erweist sich aber nicht als sehr hilfreich. Friedensreich Hundertwasser, Arik Brauer und Ernst Fuchs sind Künstler-Architekten mit einer volkstümlichen „Vorliebe fürs Geschmückte". Sie sind aber auch alle drei Verfolgte des Nazi-Regimes, die unzählige Verwandte durch die NS-Mordmaschinerie verloren haben. Ausgerechnet ihnen eine Nähe zum Faschismus zu unterstellen, wie das selbst Roland Rainer einmal polemisch getan hat, ist geschmacklos[28]. Die Pflege unterschiedlicher Geschmacksvorstellungen ist legitim. Vielleicht wäre aber auch gelegentlich das kühne Wort von Adolf Loos aus 1910 zu bedenken, wonach das Kunstwerk (als Teil der Privatsphäre) niemandem gefallen müsse, das Haus aber „allen"[29].

Was Wien erspart geblieben ist

Gerne beklagen die Verfechter einer „zukunftsorientierten dynamischen" Stadtentwicklungspolitik den Provinzialismus und die Konservativität der Wiener Bevölkerung. Besonders gerne schimpfen manche dabei über die „Verhinderer im Lodenmantel", jene Wortführer von Bürgerinitiativen, denen es ja nur um das eigene Interesse gehe. Vom bloßen Belächeln bis zum Abtun als Narren oder Spinner ist da oft nur ein kleiner Schritt. Wie viel das Wiener Stadtbild in Wahrheit den oft verzweifelten Anstrengungen der „Verhinderer" verdankt, sei in einem kurzen Überblick über einen Teil jener Projekte dargestellt, die Wien seit 1945 gottlob erspart geblieben sind.[30] So war 1957 ein Hilton-Hotel anstelle des Kursalons im Gespräch, und entschlossene

---

[28] Zu Roland Rainers 1992 publiziertem Vorwurf an Friedensreich Hundertwasser, sich des Tones des „Völkischen Beobachters" zu bedienen vgl R.Schediwy, Städtebilder a.a.O. 329
[29] vgl.Adolf Opel(Hsg):Adolf Loos:Trotzdem, Schriften 1900-1930, Wien 1988, S 101
[30] Vgl. R.Schediwy: Städtebilder, .S 301ff

Modernisierer bezeichneten um 1960 die Otto Wagner'schen Stadtbahn-Pavillons am Karlsplatz als „Kaluppen".

Einer der ärgsten Anschläge auf Wiens zentrales Stadtbild konnte 1956 nur durch einen förmlichen Aufschrei der Öffentlichkeit verhindert werden: Zwischen Palais Trautson und Palais Auersperg, wo heute ein Park liegt, war ein mächtiges elfstöckiges Bundesamtsgebäude geplant. Erster Preisträger war übrigens jener Architekt Lippert, dem Wien unter anderem auch das Dianazentrum und das Semperit-Hochhaus verdankt.

Damals wollte übrigens Le Corbusier anstelle des heutigen Musée d'Orsay in Paris eine Riesenhotelschachtel bauen. In einem Brief an Kulturminister Malraux vom 12.7.1961 schrieb er: „Wir werden die ganze Presse gegen uns haben. Wir werden alle Weisen für uns haben". Wer würde heute diese Bemerkung als etwas anderes sehen als eine groteske Selbsttäuschung eines größenwahnsinnigen Stararchitekten?

Oft gelang es nur, Teilerfolge zu erzielen. Aber immerhin: ein geplantes 30-stöckiges Hochhaus Ecke Schwedenplatz/Laurenzerberg ist um Erhebliches kleiner ausgefallen. Abbruchpläne gab es in den sechziger Jahren übrigens auch für das Künstlerhaus – vor allem im Herbst 1966. Die Mobilisierung der öffentlichen Meinung beeinflusste aber die damals arg in Geldnöten befindliche Künstlervereinigung, dem Kaufangebot eines US-Konzerns zurückhaltend gegenüberzutreten. Der jüngst verstorbene Präsident des Künstlerhauses, Hans Mayr, versuchte zwar immer wieder, wenigstens eine Aufstockung seines Gebäudes durchzusetzen, aber auch das misslang ihm, nicht zuletzt dank der Aufmerksamkeit der Öffentlichkeit und der Medien. Und wie wäre es mit einer Alweg-Bahn zwischen Gumpendorferstraße und Philadelphiabrücke? Vizebürgermeister Slavik hat Anfang der sechziger Jahre diese „Schnapsidee" eine Zeitlang sehr intensiv verfochten. Von einer im Frühjahr 1960 im Gespräch befindlichen zweistöckigen Stelzenautobahn mit Alweg-Bahn am Gürtel war bereits die Rede. Das Verdienst, Vizebürgermeister Slavik eingebremst zu haben, dürfte nicht zuletzt bei mutigen und kompetenten Rathausbeamten gelegen haben.

Kühne Verkehrsvorhaben, die gottlob nicht realisiert wurden, gab es auch in jüngerer Zeit. So erinnern sich viele noch der unguten Farce um den Architektenwettbewerb betreffend die Otto Wagner-Brücke über die Wienzeile. Wohl nicht zu Unrecht vermutete damals der Architekturkritiker Dietmar Steiner angesichts der Ausschreibungsbedingungen, dass der Abbruch schon vor dem Wettbewerb beschlossen worden wäre. Allerdings erhob sich im Jahr 1983 ein Sturm der Entrüstung – und so sind uns Unsinnigkeiten wie eine Zweibrücken-Lösung mit einem funktionslosen Otto Wagner'schen Brückentorso erspart geblieben.

In der Frage des Messepalastes, wo Dietmar Steiner, als einer der großen Trommler für Ortner & Co auftrat, liegt nach dem Urteil vieler Experten ein ähnlicher Fall vor: Substanzschonende Projekte hatten von vornherein keine Chance, berücksichtigt zu werden.

Ein besonders heikler Fall war jahrelang der Baugrund am Ballhausplatz. Der Ideenwettbewerb von 1955 für ein neues Niederösterreichisches Landhaus an dieser Stelle scheiterte am enormen vorgegebenen Raumprogramm. Die drei ersten Preisträger waren gezwungen, zehnstöckige Klötze neben das Bundeskanzleramt zu stellen. Unter ähnlichen Vorzeichen fand der zweite Wettbewerb zum Ballhausplatz im Jahre 1977 statt. Als ein sehr „modernistisches" Projekt den Siegespreis errang, protestierte nicht nur Bezirksvorsteher Heinz. Auch die Kronen Zeitung trommelte gegen das Stahlglashaus. Mit Rücksicht auf den § 85 Abs.5 der Wiener Bauordnung, den 1972 geschaffenen, für Holleins Haas-Haus aber 1987 „entschärften" Schutzzonenparagraphen, wurde an diesem prominenten Bauplatz später ein relativ unauffälliges Gebäude errichtet. Es kann zwar nicht gerade als Geniestreich gelten, aber es versucht nicht, den prächtigen Palästen von Hofburg und Bundeskanzleramt „die Show zu stehlen", und es versteckt relativ geschickt die enorme Anzahl von Beamtenschreibtischen, die es zu beherbergen hat. Architekturkritiker haben dieses Haus als „mittelmäßige Anpassungsarchitektur" kritisiert. Trotzdem lässt sich vertreten, dass an solchen Stellen moderne Architektur, die bereit ist, sich einzufügen statt aufzutrumpfen, besser am Platz ist, als herrische Gesten der Selbstdarstellung.

Auch angesichts der EXPO-Abstimmung vom 14.-16.5.1991 meldeten sich wieder jene, die den Wienern eine „Verhinderermentalität" nachsagen, und die von „Sumpertum" sprechen. Betrachtet man aber, was die Olympischen Spiele in Innsbruck an baulichen Scheußlichkeiten hinterlassen haben, muss man vielleicht dankbar sein, dass Wien die von den Stadtvätern erstrebte Olympiade 1972 nicht erhalten hat – vom ersten Weltausstellungsanlauf in den fünfziger Jahren ganz zu schweigen, der den Schlosspark von Laxenburg wohl unwiederbringlich verschandelt hätte. Die „Verhinderer" und „Sumper" haben also oft mehr Voraussicht und Weisheit bewiesen als die eifrigen Modernisierer. Letztlich gilt das selbst für die ohnmächtigen Schützer Alt-Wiens, die knapp vor dem Ende des selbständigen Österreich im Jahr 1938 für die Rettung von Kulturschätzen wie dem Palais Paar auftraten.

Ein Beispielsfall

Das ursprüngliche Ortner'sche Projekt eines „Glaspalastes" im Bereich des heutigen Museumsquartiers ist längst Geschichte geworden – aber es war eine Art Beispielsfall für die heute einander gegenübertretenden Standpunkte. Und die Debatte um dieses Siegerprojekt eines umstrittenen Wettbewerbes setzte auch so etwas wie neue Maßstäbe der Selbstpräsentation und der bewundernden Rezeption durch eine wohlmeinende Berichterstattung... Der Rummel um die Selbstbejubelung der Architekten, die Wien eine „freche Skyline" verpassen wollen und ihr Projekt allen Ernstes als „Akropolis" bezeichnet haben, wurde zwar mit der Zeit langsam leiser, aber allein die kühnen Fotomontagen, auf denen die Projektwerber ihre als transparent behaupteten Riesenschachteln quasi wegretuschiert präsentierten, sind bis heute bemerkenswert.

Auffällig war an diesem PR-Overkill auch der ziemlich rüde Umgang mit den Projektgegnern. Der gegen das Projekt kämpfenden Bürgerinitiative, die man zuerst als „Pferdenarren" und k.u.k.-Nostalgiker mundtot machen wollte, gelang es allerdings, durch ihr idealistisches Engagement und ihre Sachkompetenz Respekt zu erwerben. Äußerungen wie die des renommierten Museumsmannes Werner Hofmann, es handle sich bei dieser Gruppe meist hochgebildeter Idealisten um „Analphabeten", diskreditierten sich dagegen selbst. [31]

Leider ist in der Aufschaukelung von Für und Wider hier ein deutlicher Verlust an Diskussionskultur feststellbar. Noch in der Jubelphase im Sommer 1990 meldete sich Günther Nenning zu Wort und meinte, auch nicht gerade zurückhaltend: „Den neuen Fünfjahresplan zur Vernichtung Wiens, den gibt es schon: Wien muss EXPO-reif werden". Sein Vorschlag war, „die Hofstallungen so zu belassen wie sie sind, sie nur zu befreien von den Schändlichkeiten, die die Wiener Messe dort jahrzehntelang angerichtet hat, sie zu renovieren in Respekt vor der historischen Bausubstanz. Das würde relativ wenig kosten (daher kommt's von vornherein nicht in Betracht)". Auch der Ökologe Bernd Lötsch solidarisierte sich rasch mit der Bürgerinitiative. Dafür musste er sich allerdings von einem Blatt mit angeblich großem Format unter die „professionellen Protestierer" einreihen lassen, die „mit ihrem ständigen Querulieren bei allem und jedem langsam selbst jenen Bürgern auf die Nerven fallen sollten, die sie angeblich vor den Mächtigen schützen". Im Herbst 1991 richtete Arik Brauer, Maler des phantastischen Realismus und Liedermacher, einen offenen Brief ans Wissenschaftsministerium. Darin schrieb er: „Ich habe den Eindruck, dass das Projekt vom Geist der siebziger Jahre getragen ist, und es wird – sollte es tatsächlich verwirklicht werden – von unseren Nachkommen verflucht werden". Trotz dieser wachsenden Proteste höchst renommierter Leute sprach Werner Hofmann, dem damals übrigens Ambitionen auf die Leitung des Museumsquartiers nachgesagt wurden, in der „Presse" vom 17.1.1992 von den „Analphabeten, für die man doch keine Liebeserklärung abgeben solle" und forderte die „Verwirklichung des Ortner-Modells ohne Abstriche". Dass zu diesen angeblichen Analphabeten auch zahlreiche internationale Kunsthistoriker sowie Repräsentanten der UNESCO zählten, ließ sich jedoch langsam nicht mehr verheimlichen, wiewohl die einschlägigen Proteste ein medial auffällig dünnes Echo fanden. Im Sommer 1992 meldete sich auch der Wiener Fachbeirat für Stadtplanung kritisch zu Wort… „Das Projekt ist keine Frischzellenkur für das alte Ensemble, wie der Architekt Laurids Ortner seine Pläne verniedlicht, sondern ein Tumor", wetterte Bernd Lötsch am 7.9.1992: „Er verhöhnt das gewachsene Ensemble, mit architektonischen Gewaltaktionen werden die Gebäude Fischer von Erlachs erdrückt."

Im Herbst 1992 mobilisierten zwar zahlreiche Prominente der Kulturszene unter Führung von Ursula Pasterk eine Unterschriftenaktion zugunsten des Ortner-Projektes als „überzeugende städtebauliche, architektonisch und inhaltlich notwen-

---

[31] Alle Detailangaben dieses Abschnittes fußen auf dem Abschnitt Museumsquartier – Fallstricke der Kulturpolitik in meinem Buch Städtebilder Wien 2005, S 323 ff

dige Lösung", und Pasterk erklärte in einer Pressekonferenz am 12.10.1992, den Museumsbau auf jeden Fall durchziehen zu wollen. Entsprechend wurde auch im Jänner 1993 die Flächenwidmung mit einer Mehrheit von SPÖ und Grünen beschlossen. Aber da waren eben nicht nur „Verhinderer im Lodenmantel" am Werk, wie Horst Christoph im „Profil" meinte. Am 6. Mai 1993 berichtete der „Standard" über den gemeinsamen Protest von mehr als 100 international renommierten Kunsthistorikern gegen das Ortner-Projekt. Der vom Wiener Rathaus hofierte, weltberühmte austrobritische Gelehrte Sir Ernst Gombrich bezeichnete es wörtlich als „Kateridee". Dazu kamen vernichtende Kommentare in internationalen Medien wie der „Financial Times", die das Ortner-Projekt als „in sonderbarer Weise an die sechziger Jahre erinnernd" empfanden.

Der Schluss der Tragikomödie war bekanntlich ein niemanden befriedigender und doch irgendwie versöhnlicher. Dem Ortner-Projekt wurden durch den „Denkmalspezialisten" Manfred Wehdorn einige seiner provokantesten Zähne gezogen. Der ohnedies weitgehend unfunktionelle, da auf extrem beengter Grundfläche geplante „Leseturm" wurde geopfert, die anderen mächtigen Baukörper ein wenig „in den Boden gedrückt", die auch vom konservatorischen und klimatechnischen Standpunkt absurden Glasfassaden durch Naturstein ersetzt. Das 2001 eröffnete Museumsquartier repräsentiert in seiner jetzigen Kompromissfassung eine relativ bürgernahe Variante eines Großkulturprojektes. Aber die Ahnung, dass der Leseturm vielleicht auch als „Trojanisches Pferd" des innerstädtischen Hochhausbaus gemeint gewesen sein könnte, verstärkte sich angesichts der Diskussion um „Wien Mitte", in der wiederum Ortner und Ortner eine zentrale Rolle spielten.

„Bausünder", Bürger, Medien

Wer sind die erfolgreichsten Kämpfer gegen problematische Großbauprojekte? Die Antwort ist einfach: Es sind die engagierten Bürger und die unabhängigen Zeitungen, sofern sie ihre Unabhängigkeit bewahren und nicht zu bloßen Anhängseln ihrer Immobilien- bzw. Inseratenbeilagen oder gar der persönlichen Immobilieninteressen ihrer Besitzer geworden sind.

Natürlich soll die wertvolle Arbeit der Bundes- und Landesbehörden, die sich der Denkmalpflege widmen, in keiner Weise geschmälert werden. Aber hier sind doch letztlich weisungsgebundene Beamte am Werk. Wenn genügend politischer Druck hinter einem „bausünderischen" Vorhaben steht, spielen sie kaum je den Helden. Es gibt unzählige Belege für diese Behauptung, von den traurigen behördlichen Bemühungen, wenigstens Teile des in der Schuschnigg-Zeit dem Abbruch geweihten Palais Paar zu retten bis zu den Eiertänzen eines Präsidenten des Bundesdenkmalamtes in der Frage des Ortner-Projektes für ein Museumsquartier. Engagierte Privatleute tun sich da einfach leichter. Ihnen und den großen Zeitungen, die letztlich davon leben, die tägliche Abstimmung beim Zeitungskauf zu gewinnen, sind viele Erfolge bei der

Abwehr bausünderischer Projekte zu danken. Beispiele gibt es genug: Der Kampf um die Wittgenstein-Villa etwa hätte 1971 nicht ohne das Eintreten engagierter Fans, in diesem Falle vor allem namhafter Architekten, für den eigenwilligen Bau im dritten Bezirk gewonnen werden können. Das Denkmalamt hatte ihn bereits preisgegeben. Die sehr kahle und asketische Architektur des Philosophen, der auf den polierten Betonböden seines Hauses keine Teppiche duldete und Glühbirnen nur nackt von der Decke baumeln ließ, hatte zwar nicht das Zeug dazu, populär zu werden. (Wittgensteins Neffe, Herr Stonborough, der das Haus damals verkaufte, versicherte glaubwürdig, es immer gehasst zu haben.) Trotzdem genügten der Vorstoß einiger mutiger Fachleute und sein Medienecho, um ein in seiner Art einzigartiges und erhaltenswertes Baudenkmal vor der Vernichtung zu bewahren.

In anderen Fällen war auch eine sehr breite Welle von Bürgerprotesten samt medialer Unterstützung nicht ausreichend: Man denke nur an die schon genannten Beispiele Florianikirche 1965 und die Stadtbahnstation Meidling Hauptstraße 1968. Dafür besteht aber heute weitgehend Übereinstimmung darüber, dass damals die „Macher", die diese Abrisse durchgezogen haben, unrecht hatten und die Menschen und Medien, die dagegen protestierten, recht. Während übrigens die – viel weniger gelesenen – Kulturseitenschreiber mit ihrem oft etwas elitären Bewusstsein den Zeitgeistmoden viel stärker verhaftet sind, haben die Lokaljournalisten der großen Zeitungen ihr Ohr näher am Volk. Sie sind damit wertvolle Verstärker für die Liebe der einfachen Menschen zu ihrem altvertrauten Stadtbild.

Die Rolle der von vielen Intellektuellen kritisch gesehenen Kronen Zeitung 1973 in der Frage der Verbauung des Sternwarteparks war hier sogar eine absolut entscheidende. Die Niederlage der „Betonierer" hat hier, in einer Parallele zur Grazer Pyhrnautobahn-Abstimmung, nicht nur Amtsträger vom „hohen Ross" gestürzt, sondern einen heilsamen politischen Schock hervorgerufen.

Ein bürgernahes Jahrzehnt begann. Damals wurden übrigens auch im Ausland, etwa in Paris, unter dem Druck der Bürger und der Zeitungen Stadtautobahnpläne schubladisiert, Hochhausbauten gestoppt und Denkmalschutzmittel aufgestockt. Auch später hat dieses weit verbreitete Medium „bürgernahe" Standpunkte transportiert – allerdings nicht immer.

Man soll übrigens „Bausünder" nicht generell verteufeln. Immobilien- und Baufirmen, die ihre Investitionen ertragreich einsetzen müssen, im Wettbeweb stehende Museumsdirektoren, die heute zunehmend glauben architektonische „Zeichen" setzen zu müssen, um auf ihr Haus aufmerksam zu machen, Rathaustechniker, die nüchtern ihre Aufgabe erfüllen wollen – alle diese Personengruppen haben verständlicherweise wenig Sinn für den „Luxus" der „Erhaltung des Schönen", das meist unrentabel, altmodisch und ein bisschen unpraktisch ist. Gerade deshalb bedarf das erhaltenswerte Schöne unserer alten Städte aber engagierter Fürsprecher. Das macht sogar wirtschaftlich Sinn, denn die Touristen kommen ja nicht nach Wien wegen des Ringturmes und anderer Versicherungshochhäuser, übrigens auch nicht wegen Soravia-Wing, Haas-haus oder gar „Vienna D.C." auf der Donauplatte, sondern sie kommen wegen Oper, Stephansdom, Lipizzanern und Hundertwasserhaus. In jedem Fall brauchen die Beamten der Denkmalbehörde Alliierte, die ihnen den Rücken stärken. Das sind die unabhängige Presse und die engagierten Bürger.

Wie wird es aber weiter gehen?

Noch ist nicht restlose Klarheit geschaffen, aber das Erstarken des politischen Gewichts der Baulobby in den Jahren seit 1995 erscheint evident und findet sein Echo in den hier folgenden Beiträgen von Claus Süss und Markus Landerer. Die letzten Novellierungen der Wiener Bauordnung und des Denkmalschutzgesetzes [32] (letzteres durch den Bund) verstärkten tendenziell im Gleichschritt mit internationalen Entwicklungen die Rolle des „Investors", und auch die Unabhängigkeit der Medien scheint, wie in den 1960er-Jahren, eher hinter einer inseratbedingt „baufreundlichen" Berichterstattung zurückzutreten.

Von der Architekturmode her verbreitet sich die Unsitte des „Draufsetzens" unpassender und monströs großer Dachaufbauten auch im Altstadtgebiet mit seiner ohnedies gefährdeten Dachlandschaft. Dazu sehen von ihren Besitzern „ungeliebte" Bauwerke wie die im Sommer 2001 ausgebrannten Sofiensäle einem höchst ungewissen Schicksal entgegen.

Auch andere Wahrzeichen Wiens sind übrigens in den letzten Jahrzehnten durch Katastrophen verloren gegangen, ohne entsprechend hochwertigen Ersatz zu finden: Der große Saal von Theophil Hansens Börsengebäude am Ring wurde am 13. April 1956 ein Raub der Flammen, und die prachtvolle Jugendstilhalle des Kaufhauses Gerngross am 7. Februar 1979. Die am 1.8.1976 eingestürzte monumentale Reichsbrücke über die Donau fand auch nur ein höchst banales Nachfolgebauwerk.

Wie wird es gelingen, die Wiener Altstadt zu bewahren und zugleich das neue Wien jenseits der Donau zu einem neuen, attraktiven Zentrum zu machen? Die „Donau City" scheint im Moment als gemütliche Flaniermeile nicht unbedingt geeignet, nicht zuletzt wegen der enormen Fallwinde, die dort gelegentlich auftreten. Wiens Bürgermeister Häupl hat sich zwar 2004 durchaus ostentativ als Liebhaber gerade „dieser Stadt" plakatieren lassen. Ob es aber gelingen kann, das doch architektonisch eher karge Hochhausensemble im dritten Jahrtausend zu beleben?

Hoffnung für die Zukunft

Die schlimmsten Bausünden werden mit dem besten Gewissen begangen. Die Mentalität dahinter ist zumeist diese: Da ist das Alte: es ist wertlos, es erinnert uns an

---

[32] Werner Kitlitschka vermerkte in seiner Kritik des mit 1.1. 2000 in Kraft getretenen Denkmalschutzgesetzes zurecht, dass durch dieses Gesetz der „deregulierenden Lockerkeit im Umgang mit den Denkmalsbeständen" das Wort geredet werde. In § 31, Abs. 1 ortet er die „kalte Klarstellung", dass eine Erhaltungs- bzw. Instandsetzungspflicht nicht vorgesehen sei. Die Denkmale erscheinen demnach als „Altlasten", für die eine „Sterbebegleitung" organisiert werde. (Kunsthistoriker aktuell Nr. 1/2001)

schlimme Zeiten. Es gehört weg. Wir bauen die neue, die bessere Welt auf. Das war die Geisteshaltung, die Anfang der 1950er Jahre aufkam. Sie hatte drei Quellen: die politische Rebellion gegen das Zinskasernenelend, die neue Architektur um Le Corbusier und das Bauhaus mit ihren Forderungen nach Licht, Luft und Sonne, und die Faszination Amerikas: seiner Hochhäuser, seiner großen Autos, seiner riesigen Straßen.

Was ist aus diesen Idealen geworden? Eine der problematischsten Epochen unserer Architekturgeschichte.

Man hat seitens der Stadtverwaltung hübsche, ornamentale Parkgitter weggerissen, um „demokratische Offenheit" zu demonstrieren. Man hat Peitschenleuchten eingeführt, um Modernität zu signalisieren – das geschieht bisweilen sogar bis heute. Die Mehrzahl der Bürger aber hätte lieber ihre Parkgitter behalten und dazu als Straßenmöblierung Jugendstillampen wie in Barcelona, Sevilla oder – nachgegossen – in Paris und Budapest. Man hat Häuserfassaden kahlgeschlagen und Kirchen innen „abgeräumt", um dem „nüchternen Stil der neuen Zeit" zu huldigen – und diese Häuser und Kirchenräume wirken heute auf viele wie arme, verunstaltete Krüppel. Man hat eine Gegend mit potentiell hoher Wohnqualität am Donaukanal in Nussdorf durch eine Stelzenstraße entwertet und neuerdings durch ein praktisch unbrauchbares Gebäude einer „Stararchitektin" nicht zu verbessern vermocht. Und die riesigen Neubauviertel der letzten Jahrzehnte östlich der Donau bieten zwar Wohnkomfort und Grün, aber kein städtisches Leben. Vor allem wurden viele eindrucksvolle und charakteristische Wiener Bauten geopfert – und an ihre Stelle phantasielose Dutzendschachteln gesetzt. „Der Vergleich macht Sie sicher", heißt es in der Werbung – und es ist kein Zufall, dass die Modernisten stets den konkreten Bildvergleich vorher-nachher gescheut haben, der eine Hauptwaffe der Altstadtnostalgiker geworden ist: von Wolf Jobst Siedlers Buch „Die gemordete Stadt" bis zu Dieter Kleins „Wiener Abreißkalender". Wo das Neue ästhetisch befriedigt, da kann unter Umständen sogar einmal der Verlust wertvoller alter Bausubstanz toleriert werden – auch wenn das normalerweise nicht nötig ist, denn wir leben ja nicht mehr in den ummauerten Städten des Mittelalters: Es gibt Platz genug für gute, neue Architektur, sie muss sich nicht in die Schutzzonen der Altstädte drängen!

Aber das Schlimme ist: Allzu wenig von dem, was in den letzten vierzig Jahren geschaffen wurde, hält dem konkreten Bildvergleich mit dem zerstörten Alten auch nur annähernd stand. Trotzdem soll diese Betrachtung nicht mit einem negativen Ton schließen, sondern mit positiven Beispielen und Grundsätzen:

1. Gute moderne Architektur soll sich nicht in die Altstädte hineindrängen, sondern neue Zentren gestalten. Das viel diskutierte Z-Gebäude von Günther Domenig in der Favoritenstraße ist so ein positives Beispiel. Es ist allerdings auch – paradoxerweise – mit aktueller Gefährdung konfrontiert. Der Architekt soll zwar traurig gewesen sein, dass er nur außerhalb des Gürtels hat bauen dürfen – aber dieses

umstrittene Gebäude „mit Charakter" ist eine Art Wahrzeichen eines sonst architektonisch armen Bezirkes geworden.
2. Das ideologisch festgefahrene Tabu angleichender Gestaltung von Um- und Ausbauten bestehender Gebäude sollte endlich fallen. Hier gab es Ende der siebziger und Anfang der achtziger Jahre bereits positive Ansätze: Beispiele sind die sehr behutsame Aufstockung der Residenz des jüngst verstorbenen Milliardärs Karl Kahane in der Argentinierstraße oder die von Martin Kupf historisierend angeglichene Aufstockung am Rathausplatz.
3. Wirtschaftliche Motive werden beim Bauen immer eine Hauptrolle spielen – aber es ist Aufgabe der demokratischen Öffentlichkeit und Verwaltung, sie unter Kontrolle zu halten. Vor allem geht es um ein Gebot der Fairness: Wenn ein Bauträger in einer Schutzzone aufgrund einer „Extrawurst" ein Hochhaus bauen darf, so sagen sich andere Investoren natürlich mit Recht: „Warum nicht auch wir?" – und der Schutz der Altstadt ist dahin. Gerade deshalb wäre der Leseturm im Museumsquartier so gefährlich gewesen. Aus demselben Grund ist auch das neue Gerichtsgebäude beim Hauptzollamt (der einzig realisierte Teil von Wien-Mitte) ein gefährlicher Beispielsfall. (Stattdessen ist das vollkommen intakte spätgründerzeitliche Gerichtsgebäude Riemergasse mit seinen schönen historischen Sälen für einen geplanten Hotelbau preisgegeben worden – auch ein höchst bedauerlicher Verlust).

Natürlich haben Hochhäuser in neuen Stadtzentren ihren legitimen Platz, aber in Altstädten ist auch qualitativ gute moderne Architektur dieser Art in der Lage, bewahrenswertes Ambiente rein quantitativ zu unterdrücken und damit zu schädigen. Fatal wäre beispielsweise der von einer Gratiszeitung im Sommer 2008 immer wieder kampagneartig propagierte Hotelbau auf dem Mariahilfer Flakturm – übrigens auch ein erneutes Beispiel der von Coop Himmelb(l)au so leidenschaftlich vertretenen Provokations- und Unfallsästhetik. Neomodernistische Brutalprojekte im Geiste der sechziger Jahre sollten aber in der Altstadt und an deren Rändern endgültig zugunsten von Konzepten sanfter Revitalisierung gestrichen werden.

„Harmonische Gestaltung" und sanfte Stadtbildpflege sind vielen Neomodernisten ein Gräuel. Aber die überwiegende Mehrheit des Volkes wie der Gebildeten kann sich bis heute eher mit dem einst von Günther Nenning, Jörg Mauthe und Bernd Lötsch formulierten „Schönheitsmanifest" identifizieren als mit jenen, die harte Kontraste und spannungsvolle Dialoge von alt und neu fordern. Auch Victor Adler hat bei der Eröffnung des prächtigen (heute leider entkernten und umfunktionierten) Favoritner Arbeiterheimes 1902 ein „Recht auf Schönheit" für die Arbeiterbewegung in Anspruch genommen.

Es wäre an der Zeit, endlich die fatalen Dogmen der fünfziger Jahre zu überwinden. Dann werden wir Wien weiter liebenswert erhalten können, für die Touristen, aber auch für die Wiener selbst.

Literaturhinweise

Friedrich Achleitner: Nieder mit Fischer von Erlach (Aufsatzsammlung), Salzburg 1986
Felix Czeike: Historisches Lexikon Wien (6 Bände), Wien 1992-2004
Edgard Haider: Verlorenes Wien – Adelspaläste vergangener Tage, Wien 1984
Wilhelm Kisch: Die alten Straßen und Plätze Wiens, Wien 1883
Dieter Klein, Martin Kupf, Robert Schediwy: Stadtbildverluste Wien, Wien 2005
Wolfgang Kos, Wolfgang / Christian Rapp(Hsg) Alt-Wien. Die Stadt die niemals war, Wien 2004
Elisabeth Lichtenberger: Die Wiener Altstadt: von der mittelalterlichen Bürgerstadt zur City, Wien 1971
Thomas Mally, Robert Schediwy: Wiener Spurensuche, Wien 2007
Robert Schediwy: Städtebilder. Reflexionen zum Wandel in Architektur und Urbanistik, Wien 2005
Robert Schediwy, Franz Baltzarek: Grün in der Großstadt, Geschichte und Zukunft euopäischer Parkanlagen unter besonderer Berücksichtigung Wiens, Wien 1982
Ernst Felix Weiss: Wien 1827. Vier Wochen in Wien. Basteien, Thore und Thürme. Ein Taschenbuch für alle Diejenigen, die das Wien vergangener Tage mit allen seinen Merkwürdigkeiten, Seltsamkeiten und verträumten Schönheiten genießen wollen.Wien 1930

Verluste durch Katastrophen

88: Die Rotunde, der Ausstellungspalast der Weltausstellung von 1873 (im Prater) brannte am 17. September 1937 spektakulär ab.

89: Ein geliebtes Wiener Wahrzeichen. Die Wiener Reichsbrücke, eingestürzt am 1.8.1976.

90: Nach einem Großbrand wird Theophil Hansens Börsengebäude am Schottenring 16 (1954) wieder aufgebaut – allerdings ohne den großen Börsensaal. Der an seiner Stelle entstandene Hof wurde seither in Etappen zugebaut.

91: Die Sofiensäle (Manxergasse 17), vom Eigentümer ungeliebt, brannten am 16. August 2001 nach Flämmarbeiten im Dachbereich aus

Zur Geschichte der Altstadterhaltung in Wien

Claus Süss

Altstadterhaltung war schon immer ein heiß umstrittenes Thema, und so klingen die Worte der damaligen Vizebürgermeisterin Gertrude Fröhlich-Sandner zu den Motiven für das 1972 erlassene Altstadterhaltungsgesetz [1] ein wenig verhalten, um nicht zu sagen, schüchtern, wenn sie erklärt, dass „Altstadterhaltung keine Absage an die moderne Architektur bedeutet [2], doch deren ... Uniformismus durch die größere Individualität der alten Architektur ein Gleichgewicht bieten will" [3]. Zur Notwendigkeit eines Altstadterhaltungsgesetzes für Wien meinte sie damals weiters, ... „dass auch viele Werke der zeitgenössischen Architektur durchaus das Lob verdienen klassische Leistungen zu sein", um dann aber eindeutig festzustellen, „dass ... dieses Erstklassige eben so selten wie gut ist. Darum ist es begreiflich, dass die Denkmalpflege angesichts der Alternative, an Stelle durchschnittlicher alter Architektur oft unterdurchschnittliche neue zu bekommen, lieber die alte wählt" [4].

Verwertung und Fortschrittsglaube

Fröhlich-Sandners Worte entsprachen 1973 vermutlich ihren persönlichen Überzeugungen, dennoch stellt sich die Wiener Altstadterhaltung im Rückblick als eher kurzfristige Reaktion auf einen internationalen Trend dar denn als authentisches längerfristiges Anliegen der Stadtregierung. Ihre Verankerung im Rahmen der umfangreichen Wiener Bauordnung führte auch dazu, dass Änderungen dieser sensiblen Materie zu Lasten der ursprünglichen Intentionen auf Grund der Vielzahl der Novellen zu diesem Gesetzeswerk nahezu unbemerkt bleiben würden.

Zunächst erschien aber das Wiener Altstadterhaltungsgesetz als Manifest einer fundamentalen ideologischen Wende, und als sei die Wiener Stadtverwaltung end-

---
[1] Der Aufbau 5/6 1973, S. 151
[2] ebenda
[3] ebenda
[4] ebenda

lich bereit dazu, den seit den späten 1950er Jahren unternommenen radikalen und unpopulären Modernisierungsmaßnahmen abzuschwören [5].

Bereits Mitte der sechziger Jahre hatte ja die „Verwertung" der Stadt [6] ein hohes Maß an „Beunruhigung in der Bevölkerung" hervorgerufen – und langsam war dann doch – zumindest bei einigen Repräsentanten der Stadtverwaltung – die Einsicht gereift, dass anstelle der autogerechten Stadt wieder das jahrhundertealte Leitbild einer menschengerechten Stadt zu treten hat. Beunruhigung hatte neben der Verkehrsplanung auch die Steigerung der Nutzbarkeit citynahen Baulandes durch Vergrößerung der Gebäudehöhen bei verringerten Geschosshöhen bewirkt. Für die von vielen Bauherren angestrebte Überschreitung der zulässigen Bauhöhe gab es als Begründung zumeist ästhetische Argumente, wie z. B. die „Setzung städtebaulicher Dominanten", in Wahrheit ging es aber wohl doch um die bessere Verwertbarkeit citynahen Baulandes...

Mit dem Bekenntnis zur Altstadterhaltung versuchte man um die Mitte der 1970er-Jahre auch wieder jene Leute zu gewinnen, die bereits „merkliche Konsequenzen zu ziehen begannen, wie temporäre Stadtflucht einerseits und kritische Bürgerinitiativen andererseits". [7]

Kulturstadtrat Helmut Zilk proklamierte um diese Zeit die Stadtbildpflege als eine der wichtigsten Aufgaben des Kulturamtes. [8] Dennoch war Roland L. Schachel, der besonders engagierte Leiter des Referates für Stadtbild- und Denkmalpflege im Kulturamt nicht zufrieden mit den Festlegungen betreffend die Gestaltung von Neubauten oder die Änderung bestehender Gebäude in Schutzzonen, da sie bloß wiederholten, was schon bisher für das ganze Stadtgebiet rechtsgültig war, ohne jedoch entsprechend wirkungsvoll praktiziert worden zu sein. Schachel kritisierte speziell „die fortgesetzte Nichtanwendung der Bestimmungen des § 85" (Abs. 1 bis 4) der Bauordnung für Wien [9], wonach unter anderem damals „das Äußere der Gebäude und baulichen Anlagen nach Bauform, Baustoff und Farbe so beschaffen sein (musste), dass es die einheitliche Gestaltung des örtlichen Stadtbildes nicht stört". Schachel meinte, die Nichtbeachtung werde „in wenigen Jahren eine völlig verschiedene Entwicklung des Stadtbildes zur Folge haben und bewirken, dass „das gegebene Stadtbild"(§ 85 Abs. 2, BO für Wien) entgegen dem ausdrücklichen Willen des Gesetzgebers „nur noch in den Schutzzonen ungestört erhalten bleibt, in allen übrigen Stadtteilen jedoch weiterhin einer progressiven Erosion ausgesetzt ist."

---

[5] Roland L. Schachel, in Karlheinz Roschitz u.a.: Gesichter einer Stadt. Altstadterhaltung und Stadtbildpflege in Wien, Wien 1986, S. 42 f sprach sogar von Maßnahmen im Sinne einer „Endlösung des Stadtbildes, die sich fortschrittsgläubig an den Maßnahmen der vom Krieg weitgehend vernichteten deutschen Städte orientierten"...
[6] ebenda
[7] Roland L. Schachel, in Gesichter einer Stadt, S. 43
[8] Helmut Zilk, in Der Aufbau 12/1979, S. 459
[9] Roland L. Schachel, in Gesichter einer Stadt, S. 45 f

Kasten- versus Kunststofffenster

Als Beispiel für diese Gefahr nannte Schachel die damals übliche Praxis des Ersatzes von Kastenfenstern durch Kunststofffenster, die für das Stadtbild Wiens eine „Zerstörungswelle" bringen werde [10] die „beklagenswerten Fassadenabräumungen der fünfziger und sechziger Jahre weit in den Schatten stellen würde. Schachel hielt die dadurch hervorgerufene Schädigung des Stadtbildes für irreparabel. Sie erhalte ihre besondere Durchschlagskraft durch das Zusammenwirken industrieller Interessen mit den staatlichen Förderungsmitteln zur Wohnungsverbesserung, die auf den einzelnen Wohnungsinhaber anstatt auf den Hauseigentümer ausgerichtet sind. Dass diese Vorgehensweise eine eindeutige Verletzung der Wiener Bauordnung war und dennoch nicht vom verantwortlichen Magistrat geahndet wurde, veranlasste Schachel zur resignativen Feststellung, dass auch diese Aktion den stillschweigenden Verzicht auf die vom Gesetzgeber ausdrücklich gewünschte einheitliche Gestaltung des örtlichen Stadtbildes voraussetze. [11]

Die Praxis der Fenstererneuerung hat sich unterdessen ein wenig zum Positiven entwickelt. Von wesentlicher Bedeutung für die Durchsetzungskraft des Wiener Altstadterhaltungsgesetzes war aber die darin gegebene Formulierung des § 85 Abs. 5 der Bauordnung für Wien. Diese verlangte im Hinblick auf die Gestaltung neuer oder die Änderung bestehender Gebäude in Schutzzonen, dass diese Gebäude über die auch sonst gültigen Bestimmungen hinaus „stilgerecht auszugestalten" oder „im Baustil" an die Gebäude der Umgebung anzugleichen sind. Wenige Jahre nach seiner Aufnahme in die Bauordnung wurde dieser Paragraph zum Ziel heftiger Angriffe seitens der Architektenschaft, die sich in ihrer künstlerischen Freiheit eingeengt wähnte.

Das Haas-Haus und die Lex „Hollein"

Ihren Höhepunkt fand die Aufregung um den § 85 Abs. 5 bei der Diskussion über den von Hans Hollein geplanten und auch realisierten Bau des „Haas-Hauses" am Stephansplatz. Diese Diskussion war eher ästhetischer als denkmalpflegerischer Natur, zumal das von Carl Appel im Zuge des Wiederaufbaus errichtete Gebäude am vorgesehenen Bauplatz weder von herausragender architektonischer noch von ensemblewirksamer Bedeutung war. Sie hatte aber fatale Folgen für die Qualität des Schutzes der Wiener Altstadt. Die so genannte „Lex Hollein" aus 1987 bewirkte nämlich eine maßgebliche Änderung des genannten Paragraphen. Nun sollte es Bauherren und Architekten auch in Schutzzonen möglich sein, „zeitgemäß" zu bauen. Die negativen Auswirkungen dieser Novelle sind inzwischen vielfach im Wiener Stadtbild zu bemerken und kommen der Auflösung des Wiener Altstadterhaltungsgesetzes gleich,

---

[10] ebenda
[11] ebenda

das heute weder die Authentizität eines Objektes noch dessen Wirkung im Ensemble sicherstellen kann.

Mit dieser Novelle war klar, dass die Wiener Stadtverwaltung nicht nur das Bekenntnis zur Altstadterhaltung zu Grabe getragen, sondern auch eine ideologische Wende in vergangen geglaubte Zeiten vollzogen hatte. Seit 1987 ressortiert das Schutzzonenreferat auch nicht mehr im Kulturamt (MA 7) sondern im Bauamt der Stadt Wien, in der MA 19 Stadtbildpflege. [12]

Neue Zeiten und Begehrlichkeiten

Die verantwortungsvolle Tätigkeit des Kulturamtes der Stadt Wien als Hüter der Stadtbild- und Denkmalpflege fand somit ihr Ende, und „kühnere" Vorstellungen der Architektenschaft und der Bauwirtschaft begannen sich durchzusetzen, was beispielsweise an den Ergebnissen des Ronacher-Wettbewerbes und der ersten Stufe des Messepalast-Wettbewerbes (beide 1987) ablesbar erscheint. [13] Dazu geschah etwas Unvorhergesehenes. 1989 fiel der Eiserne Vorhang und Wien rückte von einer Randlage in die Mitte Europas. Dieses politisch wie menschlich positive Ereignis bewirkte einen Wachstumsschub des Wirtschaftsstandortes Wien, der nun von einer Vielzahl von internationalen Konzernen für ihre Mittel- und Osteuropazentralen gewählt wurde. Dadurch bedingt kam es auch zu einer verstärkten Nachfrage am Immobilienmarkt Wiens, die auch das Interesse internationaler Immobilien- und Investmentfonds weckte. Der damit ausgelöste Boom bescherte Eigentümern von Immobilien in guter Lage bisher ungeahnte Wertzuwächse. Verkaufserlöse von 5-6 Millionen Euro für ein Miethaus in guter Innenstadt-Lage waren nun keine Seltenheit mehr. Ein Investment dieser Größenordnung muss sich allerdings „rechnen" – und es muss auch der Stadt etwas wert sein, und zwar nicht nur den bis dahin erlaubten Ausbau des Dachbodens. Die Renditeerwartungen der neuen Eigentümer des historischen Erbes Wien waren hoch und sie drängten auf den Abbau „bürokratischer Beschränkungen". Sie waren ihren Anlegern gegenüber verantwortlich und hatten für sentimentale Betrachtungen des kulturellen Wertes ihres Renditeobjektes nicht viel übrig.

Zielkonflikte und Kompetenzübertragung

Da traf es sich gut, dass die Stadtplanung (MA 18) als Anlaufstelle für Investoren und deren Wünsche die Magistratsabteilung 19 kontrollierte. Nun war erreicht, was im Sinne einer unbürokratischen Erledigung der Ansuchen großer Investoren oder

---

[12] siehe dazu der Grundsatzartikel von Andreas Lehne im Standard vom 13.-14.12.2003, sowie D.Klein- M.Kupf- R.Schediwy: Stadtbildverluste Wien, Wien 2004 S 329f
[13] ebenda S 298

vielmehr einer funktionierenden Stadtplanung erforderlich war, alle Handlungsvollmachten waren im Umkreis der MA 18 gebündelt. Dem 1995 tragisch verstorbenen Dr. Schachel und seinen KollegInnen im Kulturamt blieb die Verwaltung der Mittel des Altstadterhaltungsfonds, über deren Vergabe ein neunköpfiges Gremium aus Politikern, Kunsthistorikern und Beamten nach Prüfung der jeweiligen Anträge zu entscheiden hat.

Die offenbar an die Erfordernisse der Zeit besser angepassten Mitarbeiter der MA 19 waren in der Folge bemüht, der Wiener Altstadterhaltung ein neues, „moderneres" Image zu geben. Mit dem ideologischen Wechsel zog nun auch ein neuer Sprachgebrauch ein, und anstatt von Altstadterhaltung war jetzt immer häufiger von sanfter Stadterneuerung die Rede.

Dachpatisserie und Raumfantasie

Sah es das Kulturamt der Stadt Wien noch als die Aufgabe der Stadtbildpflege an, die Ausprägung des Stadtbildes zu fördern,[14] lauten die Zielvorstellungen der nun für die Altstadterhaltung verantwortlichen MA 19 ganz anders. Robert Kniefacz, Referent für architektonische Begutachtung wird deutlich, wenn es um die Positionen zum Dachausbau in Wien geht und präsentiert in seinem Diskussionsbeitrag mit dem Titel „Dachpatisserien" die fachlich-behördliche Sicht und deren Schwerpunktsetzungen: Der Dachausbau, die gefundene Raumreserve, sei ein Beitrag zur Charakteristik der Wiener Dachlandschaft im Zuge der „alltäglichen Veränderung" heißt es da, und: Unsere modernen Lebensgewohnheiten werden nicht mehr durch die historische Substanz repräsentiert. Die gründerzeitlichen Fassaden liegen fern zeitgemäßer Gestaltungsvorstellungen (siehe Objektdesign, Werbung,...). Unsere Zeit erscheint jedoch soweit emanzipiert, dass historische Zitate und Verkleidungen in ihrer Anwesenheit akzeptiert werden. Eine diskussionslose Unterordnung, Kopie oder Heiligsprechung kann aber nicht im Sinn einer Generation von Architekturschaffenden liegen. ... Die Sprache der Architekten ist im Gegensatz zu gründerzeitlichen Strukturen funktionsorientiert, körperhaft und materialbewusst.[...] Die gründerzeitlichen Fassaden sind statisch"[15].

Die künftige Entwicklung der Dachzone der „Spekulationsbauten" der „Gründerzeit von der Stange" schwebt Kniefacz dann wie folgt vor[16]: „Der Anspruch an Architektur, unsere Raumfantasie, unsere Visionen zu konkretisieren, muss zwangsweise andere Formen als die bestehenden Satteldächer ergeben. Die Bewegung am Dach, der Drang, das Fliegen, das Schweben zu verkörpern, zeigt Aspekte unserer unsteten Zeit auf. Skyboxes, UFOs und Monitore sind Platzhalter für abgehobene

---

[14] Roland L. Schachel, in Gesichter einer Stadt, S. 44
[15] Der Aufbau, Perspektiven 2_3/2003, S. 82 ff
[16] ebenda

Raumvisionen. Das Gerät, die Maschine und das Raumschiff sind freie Assoziationen zur Formfindung am Dach.
Das Dach ist bereit zur Veränderung. Die Mutationen setzen zaghaft ein. Sie wandern am Grat hinauf und reiten den First entlang"[17]

Die zerstörerische Kraft solcher Beamtenfantasien fand ihren Ausdruck in der 1996 vom Wiener Gemeinderat verabschiedeten Novelle zur Wiener Bauordnung, mit der die radikale Aufstockung der Dachgeschosszonen nicht nur ermöglicht, sondern in hohem Maße auch finanziell gefördert wurde. Nun konnten die neuen Hausbesitzer in der Wiener Innenstadt ihre Wünsche endlich realisieren und die für das historische Zentrum so typische Dachlandschaft in Beschlag nehmen. Frei war der Weg für mehrgeschossige Skyboxes, UFOs und sonstige Raumvisionen. Doch setzten diese Mutationen ganz und gar nicht zaghaft ein, sondern vernichteten innerhalb kurzer Zeit über Jahrhunderte gewachsene Strukturen. Die noch verbliebenen Eigentümer mancher schon seit Generationen im Familienbesitz befindlichen Häuser verstanden die Welt nicht mehr, da selbst ihre Ansuchen zur Errichtung einer Gaupe unter Hinweis auf den im öffentlichen Interesse notwendigen Schutz des Stadtbildes abgelehnt und anstatt dessen lediglich Dachflächenfenster genehmigt wurden.

Sozialdemokratie und Wirtschaftsimperialismus

Der Neoliberalismus hat nun offenbar auch die seit dem Ende der Monarchie und des „Dritten Reiches" fest in sozialdemokratischer Hand befindliche Stadt Wien eingenommen und führt hier sein ungezügeltes Spiel der Kräfte des freien Marktes fort. Ein neuer Wirtschaftsimperialismus bestimmt die Stadt und deren Aussehen und setzt durch politische Ignoranz das öffentliche Interesse an der Altstadterhaltung nur allzu leicht aufs Spiel.

„In Anbetracht des gegenwärtigen Standes der Wiener Bauordnung nach dem der Abbruch von Gebäuden außerhalb von Schutzzonen und Gebieten mit Bausperren weder einer Baubewilligung noch einer Bauanzeige bedarf, ist der Schluss zu ziehen, dass Häuser innerhalb von Schutzzonen eine höhere Überlebenschance haben als außerhalb, natürlich nur, so lange sie nicht allzu prominenten wirtschaftlichen Interessen buchstäblich „im Wege stehen"[18].

Die obige Analyse von Monika Keplinger zeigt die Gefahr, in der sich der historische Hausbestand Wiens befindet, eindeutig auf und erklärt den schon seit Jahren gegebenen Handlungsbedarf des Bundesdenkmalamtes, wenn es die vielen noch nicht unter Denkmalschutz stehenden, aber bedeutenden Baudenkmale Wiens vor Überformung, Entkernung oder sonstigen Substanzverlusten bewahren will.

---

[17] ebenda
[18] Stadt & Umwelt VII, S. 45

Dilemma und Neuausrichtung

Auf diese Weise offenbart sich auch ein Dilemma des Bundenkmalamtes, dem mit der „Neuausrichtung" Wiens ein ehemals verlässlicher Partner abhanden gekommen ist. Zur Praxis der staatlichen Denkmalpflege in Österreich ist anzumerken, dass diese immer die Kooperation mit jenen Landesbehörden gesucht hat, die kraft eines eigenen Altstadterhaltungs- bzw. Ortsbildschutzgesetzes die Möglichkeit hatten, das Bundesdenkmalamt bei der Beurteilung und Unterschutzstellung des historischen Baubestandes zu unterstützen. Diese Praxis war dadurch bedingt, dass das Denkmalamt und seine Zweigstellen, die so genannten Landeskonservatorate, seit jeher über geringe finanzielle wie personelle Ressourcen verfügen und daher diese Arbeitsteilung notwendig als auch sinnvoll war. Umso mehr als die von manchen Bundesländern auf Basis ihres Altstadterhaltungs- bzw. Ortsbildschutzgesetzes vorgenommene Unterschutzstellung nicht nach den strengen Kriterien des österreichweit gültigen Denkmalschutzgesetzes erfolgen musste und somit mehr Handlungsmöglichkeiten bot.

Dies war auch die mit dem Bundesland Wien geübte Praxis, das sich nach dem Land Salzburg im Jahre 1972 dazu entschloss, ein eigenes Altstadterhaltungsgesetz zu verabschieden. Zunächst hatte dies auch anstandslos funktioniert, das im Kulturamt der Stadt Wien, MA 7, eingerichtete Referat für Stadtbild- und Denkmalpflege bemühte sich, wie dargestellt, die damals noch bestehenden Defizite des Denkmalschutzgesetzes hinsichtlich Ensembleschutz auszugleichen und widmete sich mit Interesse den charakteristischen Örtlichkeiten und Ensembles dieser Stadt, um diese dann in einer so genannten Schutzzone auszuweisen. Noch im Jahre 1973 wurden vom Wiener Gemeinderat 3 Schutzzonen beschlossen, die die Vielfalt des Stadtbildes zeigen. Es waren dies der letzte noch erhaltene und typisch ländlich geprägte Dreiecksanger „Khleslplatz", das völlige desolate, historisch übel beleumundete, aber nahezu geschlossen vorhandene Barock- und Biedermeierensemble am Spittelberg und das historische Zentrum Wiens, die Innere Stadt.

Im Gegensatz zum starren Procedere eines Unterschutzstellungsverfahrens mittels Denkmalschutzgesetzes bot das Wiener Altstadterhaltungsgesetz eine rasche und unkomplizierte Möglichkeit den genius loci bestimmter Viertel Wiens für diese und nächste Generationen zu bewahren. Auch war das Anforderungsprofil für den Schutz solcher Objekte nicht so sehr deren Authentizität verpflichtet, sondern realistisch genug, um im Laufe von Jahrhunderten geschehene Veränderungen an architektonisch minderwertigen, aber für das Ensemble bedeutende Baulichkeiten zu akzeptieren. In diesen Fällen behalf man sich mit der Klassifikation der Objekte, wovon das so genannte Schutzobjekt die höchste Wertigkeit hat und Häuser dieser Kategorie ohne Zustimmung der zuständigen Magistratsabteilung weder innen noch außen verändert werden dürfen.

Schutz- und Schonobjekte

Doch auch hierbei hat sich die Sichtweise der MA 19 grundlegend geändert, denn „auf Grund der städtebaulichen Entwicklung Wiens begann man 1991/92 die generelle Schutzzonenfestlegung neu zu überdenken und waren hiefür mehrere Kritikpunkte ausschlaggebend"[19] wie zum Beispiel:

„Unklarheiten in den Flächenwidmungs- und Bebauungsplänen im Bereich von Schutzzonen, weil diese vielfach [...] eine wesentlich höhere (dichtere) Verbauung als der Bestand zu ermöglichen scheinen;

Die Schaffung eines größeren Spielraumes bei der Umsetzung von gestalterischen Inhalten bzw. städtischen Funktionen, das heißt allgemein verständlich formuliert, dass eine Stadt auch im historischen Bereich über Entwicklungsräume verfügen muss."

Diese diametral entgegen gesetzten Feststellungen lassen die eigentliche Zielsetzung der neuen Schutzzonenfestlegung nicht gleich erkennen, doch wird sie klar, wenn man folgendes liest: „Aus heutiger Sicht werden nach Fertigstellung der Inventarisation die Wiener Schutzzonen flächenmäßig einen um etwa dreißig Prozent größeren Umfang als heute besitzen".[20] Ausschlaggebend hierfür ist vor allem die Einbeziehung der für große Teile im Wiener Stadtbereich kennzeichnenden Architektur aus der zweiten Hälfte des 19. Jahrhunderts, welche in alten Schutzzonen weitgehend vernachlässigt worden war. Entsprechend der allgemeinen Tendenz, werden in die neuen Schutzzonen auch wesentliche Architekturen des 20. Jahrhunderts, im besonderen auch aus der Nachkriegszeit, aufgenommen. „Auf Grund der Bewertung der Häuser innerhalb der Schutzzonen wird aber – trotz der wesentlichen flächenmäßigen Ausweitung – die Zahl der Schutz- und Schonobjekte annähernd gleich jener, der bisher in einer Schutzzone gelegenen Objekte, bleiben". [21].

Unter Berücksichtigung der umfangreichen und das Wiener Stadtbild prägenden Architektur der Gründerzeit wird hier der Versuch unternommen, sich der Verantwortung für dieses kulturelle Erbe zu entziehen. Da die neue Schutzzonenmethodik keiner gesetzlichen Veränderung bedarf, versucht man offenbar die Quadratur des Kreises auf ebenso subtile wie einfache Weise zu erreichen.

Ist weniger mehr?

Wenn Schutzobjekte auch weiterhin, „einem generellen Schutz der Struktur, Detailformen und Baumaterialien („Originalsubstanz") unterliegen," so heißt es nun, dass „deren Zahl so gering wie möglich gehalten wird".[22]

---

[19] Mario Schwarz und Manfred Wehdorn, in 101 Restaurierungen in Wien, S. 16 ff
[20] ebenda
[21] Mario Schwarz und Manfred Wehdorn, in 101 Restaurierungen in Wien, S. 19
[22] ebenda

Weitaus geringer, bloß minimal geschützt sind die so genannten Schonobjekte. Sie „unterliegen prinzipiell nur im Äußeren einem Schutz sofern nicht andere öffentliche Interessen dem entgegenstehen. Zu- und Umbauten, auf deren Bauqualität besonders geachtet wird, sind ausdrücklich möglich." [23] Die vielfach im Wiener Stadtbild zurück gelassenen Kulissen vermeintlicher Altstadterhaltung lassen erkennen, welchen Handlungsspielraum Bauherren und Architekten bei „Schonobjekten" haben. Sie werden ganz und gar nicht geschont, sondern ausgeweidet oder wie es im Fachjargon heißt „entkernt". Doch wird auch der Fassadenschutz oftmals als zu große Bürde empfunden, weswegen die MA 19 nun bemüht war „für die Kennzeichnung als Schonobjekt das mehrheitliche Zutreffen folgender Kriterien" vorzuschreiben [24]:
- Bedeutung auf Grund des Baualters
- Relevanz im Stadt- und Straßenbild
- Originale Bauhöhe, gut erhaltene Fassadenstruktur und originale Fensterteilungen
- Originale Nutzung
- Kulturhistorischer Wert
- Seltenheitswert

Als aufmerksame Beobachter des Wiener Stadtbildes wissen wir, wie schwierig es unter diesen Bedingungen sein wird, überhaupt ein Objekt zu finden.

Literaturhinweise

Katalog der Ausstellung „Draufsetzen" Perspektiven des Dachausbaues für, in und um Wien, Wiener Planungswerkstatt 2004

Dieter Klein, Martin Kupf, Robert Schediwy: Stadtbildverluste Wien, Wien 2004

Andreas Lehne: Dicke Rampe – armes Erbe, Der Standard 13.-14-12.2003

Karlheinz Roschitz u.a.: Gesichter einer Stadt. Altstadterhaltung und Stadtbildpflege in Wien, Wien 1986

Reinhard Seiß: Wer baut Wien. Hintergründe der Stadtentwicklung Wiens seit 1989, Salzburg 2007

Mario Schwarz, Manfred Wehdorn (unter Mitarbeit von Monika Keplinger): 101 Restaurierungen in Wien. Arbeiten des Wiener Altstadterhaltungsfonds 1990-1999 Wien 2000

---

[23] ebenda
[24] ebenda

92: Zeitgeistwandel an einer Hausfassade: Der Hega-Hof (Salzgrieß 2), 1862 errichtet, hatte ja die Kriegszeit unbeschadet überstanden.

93: In den 60er Jahren kam das Bedürfnis nach „Modernisierung" (Foto aus 1960)

94: Die kahle Front gefiel aber auch nicht, so wurde der Hega-Hof neu und etwas beliebig mit Ornamenten geschmückt. (Zustand 1993)

95: Banalisierung statt Vereinfachung: Original erhaltener Eckturm im Rathaus-Viertel (Lichtenfelsgasse 5).

96: Dazu ein „modernisiertes" Exemplar (Grillparzerstraße 3), wahrscheinlich aus der Zeit um 1960: „Schnörkellose klare Formen ohne überflüssigen Zierrat", so dachte man damals und hielt den Qualitätsverlust für Verbesserung.

97: Das Hotel Intercontinental, Johannesgasse 26. Ein Beitrag zur „Einmauerung" des Stadtparks und des Eislaufvereins

98: Die Zubetonierung der freien Plätze. Der Wiener Eislaufverein entstand im Hafenbecken des ehemaligen Wiener Neustädter Kanals. Über die Jahrzehnte wird er immer kleiner. Das Bild um 1930 zeigt die Stelle noch unverbaut, an der heute das Intercontinental Hotel steht. Jüngst wurde das Vereinsgelände vom Stadterweiterungsfonds an einen „Investor" verkauft. Eine weitere Bebauungsverdichtung ist zu erwarten.

99: Die ehemaligen Hofstallungen wurden in der Zwischenkriegszeit zum „Messepalast", der Messepalast wurde 2001 zum Museumsquartier. Der ovale Hof blieb in der Umbauphase nur kurz sichtbar und ist heute durch die Kunsthalle wieder „zugestopft".

100: Was tun mit den hohen Räumen der Ringstraßenzeit? Die Lösung des ausgehenden 20. Jahrhunderts lautete oft: Entkernen und Ausstopfen. So geschehen in der Kolingasse 14 durch eine Großbank. Das verstümmelte Gebäude wurde übrigens jüngst durch einen Neubau ersetzt: Die Lebensdauer von Bankpalästen reduziert sich dramatisch.

101: Der Kai-Palast, Franz Josefskai 47, ein früher Eisenbetonbau aus 1911, wurde im März 2001 aus „statischen" Gründen abgerissen. Der Nachfolgebau enthält natürlich eine „Sky Box" weit oberhalb der Trauflinie des Nachbarhauses.

102: Das erste Haas-Haus (Stock-im-Eisen-Platz 4) wurde 1945 weitgehend zerstört.

103: Der Nachfolgebau, zunächst als Hochhaus geplant, war als ruhige Architektur der 1950er Jahre geschätzt. Im Dachgeschoß befand sich ein beliebtes Café

104: Hans Holleins Neubau der 80er Jaher gibt sich spektakulär und verspielt, wurde aber trotz größerer Kubatur zum kommerziellen Flop. Ein Erbe des Baus ist die Liberalisierung des § 85, Abs. 5 der Wiener Bauordnung, der zuvor für Schutzzonen stilistisch angleichende Gestaltung vorgesehen hatte.

Historisches Zentrum von Wien – Welterbe in Gefahr
Zwischen Wirtschaftsdynamik und Weltkulturerbe

Markus Landerer

Die folgenden Überlegungen beschäftigen sich vorrangig mit einem räumlich sehr eingeschränkten und präzise definierten Gebiet, nämlich dem historischen Zentrum Wiens im Sinne der am 11. Oktober 2003 feierlich übergebenen UNESCO-Urkunde. Wie man weiß, war diese Welterbedeklaration lange Zeit ziemlich umstritten, es ging vor allem um das Hochhausprojekt Wien Mitte in der so genannten Pufferzone. Diese heftig geführte Debatte soll hier nicht rekapituliert werden, sie ist im Chronikteil unseres Buches „Stadtbildverluste Wien" ausführlich dargestellt... Ein kurzer Hinweis darauf, dass das Schicksal der weit unter 5 Prozent der etwa 414km^2 Stadtfläche Wiens, die hier behandelt werden, im Gesamtzusammenhang der Entwicklungen im gesamten Wiener Stadtgebiet gesehen werden muss, erscheint aber am Platze. Der seit etwa zehn Jahren feststellbare Trend zur Liberalisierung der Wiener Bauordnung, zur Aushöhlung der Schutzzonen und zur ökonomischen Flexibilisierung des bundesgesetzlich geregelten Denkmalschutzes betrifft ja nicht nur das zentrale Welterbegebiet sondern auch andere Gebiete der Stadt mit überdurchschnittlich erhaltenswerter Bausubstanz und hohem Immobilienpreis, namentlich die Villen- und Weinbaugebiete am Westrand der Stadt. An die hier gegebenen Probleme, die zuweilen schon den Charakter eines Raubbaus am historischen Erbe annehmen, soll wenigstens in zwei kurzen Anhängen und im Bildteil dieses Buches ausführlicher erinnert werden.

Auch was den aktuellen Zustand des Weltkulturerbes „Historisches Zentrum von Wien" betrifft, ist vorweg eine Einschränkung notwendig. Um hier wirklich korrekt und umfassend berichten zu können, bedürfte es – ergänzend zur optischen Wahrnehmung der Veränderungen des historischen Baubestandes – spezifischer Daten und Fakten. Da aber weder die hiefür notwendige Einsicht in Behördenakten, noch Einholung schriftlicher Beantwortungen möglich waren, bezieht dieser Bericht seine Informationen hauptsächlich aus Zeitungsartikeln, diversen Publikationen sowie mündlichen Auskünften von betroffenen und fachlich interessierten Menschen... Es liegt somit in der Natur der Sache, dass die folgende Darstellung nur unter Vorbehalt Fakten wiedergeben und nicht immer auf dem neuesten Stand der Entwicklung sein kann. Es wurde jedoch versucht, die Quellen, die zu den einzelnen Behauptungen führen, möglichst genau anzuführen, jedenfalls, soweit sie nicht vertraulichen Charakter hatten.

Grundsätzliches

Im Großen und Ganzen umfasst die Kernzone des Weltkulturerbes „Historisches Zentrum von Wien" die gesamte „Innere Stadt" von Wien (1. Bezirk) mit einem langen Seitenarm im Südosten im 3. Bezirk (Schloß Belvedere, Gartenpalais Schwarzenberg). Kleine Bereiche des 4., 7. und 9. Bezirkes sind ebenso Bestandteil der Kernzone. Die gesamte Kernzone steht zu beinahe 100% in einer von der Stadt Wien ausgewiesenen historischen Schutzzone[1]. Schutzzonen sind im Flächenwidmungs- und Bebauungsplan ausgewiesene Zonen, die „wegen ihres örtlichen Stadtbildes in ihrem äußeren Erscheinungsbild erhaltenswürdige Gebiete" darstellen (§ 7 Wiener Bauordnung). Neben dem Instrument der Schutzzone, deren Schutz zumeist nur auf die Fassade abzielt, gibt es seitens des Staates die Einrichtung des Bundesdenkmalamtes (Landeskonservatorat für Wien), welches nicht nur die Fassaden stärker vor Eingriffen schützen, sondern auch die Erhaltung des Gebäudeinneren (samt Ausstattung) vorschreiben kann. Auch der Höhenentwicklung von Dachausbauten kann, abgesehen vom Bebauungsplan, durch das Denkmalamt prinzipiell besser Einhalt geboten werden als mit Hilfe der Schutzzonenbestimmungen.

Seitens der Schutzzonenbestimmungen können Abbrüche und Entkernungen im Gebäudeinneren so gut wie gar nicht verhindert werden, dafür spielt der Denkmalschutz zur Bewahrung des überkommenen historischen Erbes eine umso größere Rolle.

Nachholbedarf an Denkmalschutz

In der Wiener Innenstadt ist ein großer Nachholbedarf an Unterschutzstellungen festzustellen. Offizielle Vertreter des Bundesdenkmalamtes haben in der Öffentlichkeit einbekannt, dass das Amt viele Jahre lang seine Tätigkeit auf Unterschutzstellungen außerhalb von Schutzzonen konzentriert hat, da lange Zeit die Meinung vorherrschte, dass die Schutzzonenbestimmungen doch einen gewissen Schutz vor Zerstörung bieten würden. Da der wirtschaftliche und technologische Druck in letzter Zeit (vor allem seit der Ostöffnung 1989 und dem EU Beitritt 1995) jedoch immer größer geworden ist, scheint nun Eile bei Unterschutzstellungen geboten zu sein. Leider kann man sich allerdings zuweilen des Eindrucks nicht erwähren, dass sich das Denkmalamt bei einzelnen Unterschutzstellungsverfahren gerade so weit im zeitlichen Rückstand

---

[1] Vgl. Schutzzonen Wien, Verzeichnis der rechtskräftigen Schutzzonen, Hrsg. MA 19, Ausgabe 2005

befindet, dass gerade noch „rechtzeitig" entsprechende Adaptierungen von historischen Bauten ohne Abstimmung mit dem Bundesdenkmalamt vorgenommen werden können.[2] Auch wenn das Denkmalamt einmal rasch und rechtzeitig reagiert, hängt es auch noch von einem eventuellen Berufungsverfahren ab, wie schnell der Denkmalschutz rechtswirksam wird. Tragisch muß es erscheinen, wenn die nächst höhere Instanz, das Bundesministerium, entgegen der Verpflichtung innerhalb von 6 Monaten zu entscheiden, manche Entscheidungen so lange hinauszögert (manchmal mehr als 10 Jahre), sodass zwischenzeitlich Zerstörungen nicht verhindert werden können, da die Unterschutzstellung keine Rechtskraft erlangt hat.[3]

Interessant in diesem Zusammenhang sind die besonders großen, offenbar weitgehend unbearbeiteten Gebiete im Norden bzw. Nordosten der Wiener Innenstadt. Dort gibt es viele „weiße Flecken" von (noch) nicht untersuchten und somit nicht denkmalgeschützten historischen Bauten. Doch gerade in diesem Gebiet wurde 2006 einer der größten Immobiliendeals der letzten Jahre getätigt. Die „Conwert AG" hat 93 hochwertige Wiener Immobilien übernommen (mit Schwerpunkt im Salzgries). Wie sich dort die Dachlandschaft verändern könnte, lässt sich an der Stellungnahme der Conwert AG unschwer ablesen: „Durch Dachausbauten (...) werde Conwert das vorhandene Potential der Liegenschaften optimal ausnutzen"[4].

Gänzlich unverständlich ist es, wenn man feststellen muss, dass Prachtbauten wie das ehemalige Länderbank-Gebäude, danach Bank Austria-Creditanstalt (Am Hof 2), das Haus der ehemaligen Österreichischen Creditanstalt für Handel und Gewerbe (Renngasse 2, Freyung), die ehemaligen Zentralen der Creditanstalt-Bankverein (Schottengasse 6-8), der Ersten Österreichischen Sparkasse (Graben 21), die Hotels Imperial (Kärntner Ring 16), Sacher (Philharmonikerstr. 4) sowie das barocke Palais Liechtenstein (Bankgasse 9)[5] noch immer nicht rechtskräftig unter Denkmalschutz stehen (diese Bauten sind allesamt im Dehio ob ihrer Bedeutung unter „Monumentalbauten" angeführt). Man kann sich des Eindrucks nicht erwehren, dass hier Ein-

---

[2] Nur um ein paar Beispiele zu nennen: Wallnerstraße 2, Dachausbau ca. 2000/01, Denkmalschutz seit Nov. 2004; Petersplatz 7: aktuell Baustelle für Dachausbau, laufendes Denkmalschutz-Verfahren, Denkmalschutz nicht rechtskräftig; Dr.-Karl-Lueger-Platz 5, Dachausbau 2004, unter Schutz (§ 3) seit Februar 2005, auch für das Hotel Sacher war eine Unterschutzstellung vorgesehen, der Dachausbau kam dem zuvor.

[3] Vgl. Kohlmarkt 5, ehem. Schneidersalon Ebenstein von Adolf Loos

[4] „Conwert-Vorstand Johann Kowar rechnet mit keinen Problemen: Zu 80 Prozent würden die Genehmigungen zum Dachausbau bereits vorliegen. Daneben werden 10 bis 15 Prozent baureif sein – neben jenen Dachaubauten, die der Immobilien-Deal auslösen wird". (...) Josef Matousek, Chef der MA19 (Architektur und Stadtgestaltung): Mehr als ein Geschoß ist nicht akzeptabel; die architektonische Qualität ist „sehr maßgebend". (Die Presse, Vor neuem Dachausbau-Boom, 05.01.2006)

[5] Dem Vernehmen nach umfasst die Exterritorialität (Botschaft des Fürstentum Liechtenstein) nur das benachbarte Objekt in der Löwelstraße 8, sodass das Palais sehr wohl unter Denkmalschutz stehen könnte.

fluss und wirtschaftliche Potenz der Eigentümer in direkter Korrelation zum nicht vorhandenen Denkmalschutz stehen.[6]

Ein weiteres Problem für einen wirkungsvollen Denkmalschutz besteht darin, dass dem Vernehmen nach im Wesentlichen keine Strafen bei Verstößen gegen das Denkmalschutzgesetz verhängt werden.[7] Welche negative Vorbildwirkung diese Vorgehensweise für andere Bauherren hat, lässt sich wohl unschwer ausmalen.[8]

Hausentkernungen und Teilabrisse

Fast unbemerkt von der Öffentlichkeit erfolgen Hausentkernungen und Teilabrisse im Inneren von Gebäuden. Zumeist ist es sehr schwer zu beurteilen, wie viel an wertvoller Substanz abgebrochen wurde, da nur sehr selten gute Dokumentationen vorliegen.[9] Ein besonders trauriges, aber dafür recht gut dokumentiertes Bespiel stellt hier die Teilzerstörung der Albertina dar, welche gegen den Widerstand des Denkmalamtes aber mit Zustimmung des Bundesministeriums erfolgte. Aktuell von der Teilentkernung bzw. -zerstörung im Inneren bedroht sind die beiden denkmalgeschützten Gebäude Telegraphenstation am Börseplatz 1 sowie das Gerichtsgebäude in der Riemergasse 7.

Besonders tragisch ist es aus denkmalschutzrechtlicher Sicht, dass Österreich den „aktiven Denkmalschutz" nicht kennt, d.h., die unbedingte Erhaltungspflicht für den Eigentümer (im Sinne der Konvention von Granada). Somit können – wenn nicht auf die Wiener Bauordnung gepocht wird – ungestraft Denkmäler verfallen gelassen werden, da nach der letzten Denkmalschutznovellierung die wirtschaftliche Unzumutbarkeit für den Eigentümer sehr schnell erreicht ist (so kann der Eigentümer die Renovierung des denkmalgeschützten Hauses sehr leicht mit einer Bewilligung für einen Dachausbau junktimieren, vgl. Wollzeile 13). Wie überhaupt im Denkmalschutzgesetz eine Art „Verländerung" zu attestieren ist, da das Denkmalamt – wenn es hart auf hart geht – kaum von sich aus einschreiten kann, sondern zumeist erst einen Antrag bei der Bezirksverwaltungsbehörde stellen muss.

---

[6] So kann man Meinungen im Denkmalamt hören wie: „Banken haben sich immer gegen Unterschutzstellungen gewehrt"

[7] Entsprechend gering ist auch der Denkmalfonds (§ 33 Denkmalschutzgesetz) dotiert. – Dem Vernehmen nach soll die Zerstörung der Fassadengliederung beim Misrachi-Haus (erb. 1694; Judenplatz 8) Ende der 1990er Jahre im Zeitpunkt des Abschlagens nicht rechtens gewesen sein.

[8] Der vor kurzem fertig gestellte Dachausbau am Kohlmarkt 8-10 ist laut Bescheid des Denkmalamtes höher als zulässig.

[9] Es wäre für das Weltkulturerbe Wiener Innenstadt sehr wünschenswert, wenn eine gute Dokumentation des Bestandes erstellt werden würde (zum Beispiel in der Reihe der „Österreichischen Kunsttopographie", Hrsg. Bundesdenkmalamt). – Sowohl bei der Albertina, als auch beim Palais Pallfy in der Wallnerstraße scheinen viele wertvolle Fotodokumentationen von offizieller Seite verloren gegangen zu sein.

Bedrohte Gärten

Nicht viel besser ergeht es den Historischen Gärten. Erst seit 1999 gibt es die Möglichkeit im Denkmalschutzgesetz, auch historische Gärten unter Denkmalschutz zu stellen (mittels Verfassungsbestimmung). Doch muss zuvor ein Unterschutzstellungsverfahren eingeleitet werden. Sowohl der Historische Garten des Schlosses Belvedere, als auch des Gartenpalais Schwarzenberg (beide in der Kernzone des Weltkulturerbes „Historisches Zentrum von Wien" gelegen) stehen bis heute nicht rechtskräftig unter Denkmalschutz.[10] So hat das Denkmalamt auf den aktuellen Neubau von Bungalowsuiten inmitten des historischen Gartens des Schwarzenberg-Palais keinen Einfluss nehmen können.

Grundsätzlich muss zum Denkmalschutz festgehalten werden, dass das Budget des Denkmalamtes denkbar gering ist. Dem Landeskonservatorat für Wien steht jährlich ein Budget zw. 1,4 und 2,2 Mio. Euro zur Verfügung.[11] So ist man oft auch an die Glaubwürdigkeit der Gutachten seitens der Eigentümer angewiesen, denn Gegengutachten sind unter diesen Bedingungen nur schwer leistbar. Ebenso ist der Personalstand des Amtes chronisch unterbesetzt, sodass unter diesen Bedingungen ein effektives Arbeiten nur schwer möglich erscheint.[12]

Denkmalschutzgesetz und Wiener Bauordnung

Da das Denkmalamt im Rahmen eines Bundesgesetzes agiert, die Baubehörde jedoch nach einem Landesgesetz, kommt der Kommunikation dieser Ämter besonderer Bedeutung zu. Dem Vernehmen nach wäre bei Denkmälern, die Kraft gesetzlicher Vermutung (§ 2 Denkmalschutz-Gesetz) unter Schutz stehen, eine verbesserte Kommunikation wünschenswert, da nach etwaigem Verkauf durch die öffentliche Hand der Denkmalschutz aus dem Grundbuch nicht mehr hervorgeht. Da es nicht Aufgabe der Baubehörde, ist auf Bundesbestimmungen zu achten, besteht durchaus die Möglichkeit, dass rechtskräftige Baubewilligungen erteilt werden, von denen das Denkmalamt nicht rechtzeitig erfährt.

Ganz allgemein birgt die relativ neue Bestimmung der Wiener Bauordnung für das „vereinfachte Baubewilligungsverfahren" (§ 70a Wiener Bauordnung) große Gefahren für das Kulturerbe. So reicht es nach dieser Bestimmung aus, dass nicht die Behörde, sondern ein einfacher Ziviltechniker die Rechtmäßigkeit der Bauführung

---

[10] Ebenso der Schloßpark des Weltkulturerbes Schönbrunn. – Wobei sich die Frage stellt, ob nicht alle 56 historische Gärten seit dem Jahr 2000 mit Inkrafttreten der Verfassungsbestimmung bereits rechtskräftig unter Denkmalschutz stehen. Faktum ist, dass das Denkmalamt anders agiert und eigene Unterschutzstellungsverfahren einleitet.

[11] In den Jahren 2002-2004, vgl. Kulturbericht 2004 des Ministeriums. – Im Vergleich dazu hat der Wiener Altstadterhaltungsfonds für das Jahr 2004 ein Budget von 5,725 Mio. Euro aufzuweisen.

[12] Vgl. Rechnungshofbericht, http://www.rechnungshof.gv.at/Berichte/Bund/Bund_1994_1/Bund_1994_1.pdf

bestätigt. Erst wenn sich die Unzulässigkeit der Bauführung herausstellt, kann die Behörde – mit wochenlanger Verzögerung – eine Baueinstellung erwirken. Für denkmalgeschützte Gebäude alles andere als vorteilhaft. In Kombination mit dem Usus keine Strafen bei Verstößen gegen das Denkmalschutz-Gesetz zu verhängen, aber besonders gefährlich.[13]

Die Liberalisierung der Wiener Bauordnung

1996 wurden die Dachausbauten in der Wiener Innenstadt durch die Liberalisierung der Wiener Bauordnung erleichtert (§ 60 u. 85), 1998 erfolgte die Bestellung von Hans Hollein zum Vorsitzenden des Gestaltungsbeirats für Stadtplanung und Stadtgestaltung, Anlass für Andreas Lehne, über die „hierzulande bewährte Personalunion von Bock und Gärtner" zu sinnieren.[14] Zuvor schon hat man 1987 die Agenden für Schutzzonen vom Kulturamt zur Magistratsabteilung 19 („Architektur und Stadtgestaltung") übersiedelt. Zeitgleich wurden Bestimmungen der Bauordnung gestrichen, welche nur zurückhaltende Neu- und Ausbauten zuließen (§ 85 Absatz 5). In den allerletzten Jahren gab es Umstrukturierungen in der Magistratsabteilung 19, sodass sukzessive die Trennung der Referate für Begutachtungen nach „Schutzzonen" und „außerhalb von Schutzzonen" aufgelöst wurde. Somit haben sich die Wertigkeiten der Wiener Schutzzonen innerhalb weniger Jahrzehnte gänzlich zuungunsten der historischen Bauten verschoben.

Draufsetzen?

Nicht selten werden gegenwärtig – oder wenigstens bis vor kurzem besonders dominante, zumeist dem Stadtbild abträgliche Dachausbauten positiv bewertet (vgl. Schulerstraße 11; Beispiel einer Formulierung: „Durch die städtebauliche Akzentuierung des Baukörpers besteht ein überwiegendes öffentliches Interesse."[15]) Sichtliches Zeichen dieser Dachausbauteneuphorie war die Ausstellung „Draufsetzen – 19 Dachausbauten realisiert/projektiert" in der Wiener Planungswerkstatt (März-April 2004), in der attestiert wurde, dass bereits 50% der gründerzeitlichen Dächer der Inneren Stadt ausgebaut sind. Man geht davon aus, dass noch etwa bis zu 25% der Dächer ausgebaut werden können.

---

[13] Ein aktueller Fall stellt das Haus Bellariastraße 8 dar (das Haus steht kraft gesetzlicher Vermutung (§ 2) unter Denkmalschutz). Hier erfolgte nach dem vereinfachten Baubewilligungsverfahren die Bauführung, in der Zwischenzeit ist ein denkmalgeschützter Eichenplafond verschwunden.
[14] Vgl. Andreas Lehne, in: Der Standard, Kommentar der Anderen: „Dicke Rampe, armes Erbe", 13.12.2003
[15] Beispiel für eine Stellungnahme (2005) für einen avantgardistischen Dachausbau in einer Schutzzone im 8. Bezirk (Florianigasse 26), dessen Dachausbau direkt in der Blickachse der Piaristengasse liegt.

Möglichkeiten zur Eindämmung der aktuellen Dachausbaueuphorie hätte die Stadt Wien beispielsweise mit Hilfe der Schutzzonenbestimmungen (§ 7 Abs. 4 Wiener Bauordnung). Dort heißt es: „Umfassen Kataloge oder planliche und bildliche Darstellungen zur Präzisierung der gemäß § 7 (3) festgesetzten Bestimmungen einzelne Gebäude und bauliche Ziergegenstände (...), bilden diese einen Bestandteil des Bebauungsplanes." Diese vom Gesetzgeber geschaffene Bestimmung könnte das äußere Erscheinungsbild historischer Bauten grundsätzlich besser schützen (wohl auch Dachausbauten), doch dem Vernehmen nach wurde und wird diese Bestimmung seitens der Verantwortlichen der Stadt Wien nirgends angewandt.

Wirklich wirkungsvoll eindämmen kann man die Dachausbauten aber nur mit einem bestandsbezogenen Flächenwidmungs- und Bebauungsplan. Bereits im Juli 2003 verkündete der Leiter der MA 21A (Stadtteilplanung) das „Ende für exzessive Dachausbauten"[16]. Es sind zwar mittlerweile schon neue Bebauungspläne in Teilen des 1. Bezirkes gültig,[17] doch lassen noch weitere auf sich warten.[18] Wie z. B. der Bereich zwischen Oper und Stadtpark. So ist immer wieder ernsthaft eine Aufstockung des denkmalgeschützten Künstlerhauses im Gespräch, was mit dem derzeit gültigen Flächenwidmungs- und Bebauungsplan durchaus kompatibel wäre.[19] Auch die Großzügigkeit bei der Genehmigung für die Aufstockung des Hotel Sacher erstaunte.[20] Ein weiteres Problem stellen die vielen schon bewilligten, aber noch nicht konsumierten Dachausbauten dar.

Doch auch mit neuen, bestandsbezogenen Bebauungsplänen gibt es noch eine rechtliche Hintertür für höheres Bauen. Es ist der berüchtigte § 69 der Wiener Bauordnung, der „unwesentliche Abweichungen" zulässt. Wie weit diese „geringfügige" Abweichung gehen kann, hat das Beispiel Millennium-Tower gezeigt.[21]

---

[16] Die Presse, Ende für exzessive Dachausbauten, 09.07.2003
[17] Plandokument 7655 der MA 21A, In Kraft getreten mit 17. Juli 2005. So darf beispielsweise in Zukunft der höchste Punkt der zur Errichtung gelangenden Dächer nicht höher als 5,5 m über der tatsächlich ausgeführten Gebäudehöhe liegen; weiters wird nur mehr die Errichtung von maximal einem Dachgeschoß erlaubt. – Ob dabei die Dachhöhenbeschränkung auf 5,5 über Gebäudehöhe ausreichend ist, wird sich weisen.
[18] Kurier, Hürden für City-Dachausbauten, 14.06.2005
[19] Kronen Zeitung, Neue Idee: Das „Haus der Geschichte" auf dem Dach des Wiener Künstlerhauses? – „Eine bessere Lage gibt es nicht!", 29.04.2006
[20] Im Zuge der Debatte um den Bauboom bei Dachausbauten anlässlich des strittigen Dachausbau des Hotel Sacher im Jahr 2003 meint Stadtrat Rudolf Schicker: „Das geeignete Instrument ist die Schutzzone". Da diese im ganzen Bezirk gelte, habe die MA 19 (Stadtgestaltung) großen Einfluss auf Projekte. „Das hat bisher ausgezeichnet funktioniert." Die MA 19 solle sich dabei aber nicht auf Meter festlegen, sondern einzig prüfen, ob etwas „von der Dimension her ins Stadtbild passt oder nicht". Auch wenn künftig nur noch ein Dachgeschoß möglich ein wird, werde es Ausnahmen geben: „Denn die Stadt muss leben. Leben ist Veränderung." Seitens des Denkmalamtes heißt es, dass die MA 19 bis jetzt „ihrer Verantwortung in der Innenstadt in keiner Weise nachgekommen" sei. (Die Presse, Dachausbauten – Statt Bausperre Vertrauen in die Beamten, 20.08.2003)
[21] Der Turm war ursprünglich 140 Meter gewidmet. Die Abweichung bis zur Firsthöhe (160 Meter) wurde als „unwesentliche Abweichung" eingestuft. Der Rest galt als Dach bzw. technischer Aufbau.

Zu hinterfragen wäre auch die Praxis bei illegalen Dachausbauten. Dem Vernehmen nach werden vorschriftswidrig ausgebaute Dächer so gut wie nie abgebrochen, und wenn, dann sind es nur kleine Korrekturen [22].

Im Jahr 1996 wurden nicht nur Dachausbauten erleichtert, sondern auch die Bestimmungen für Hausabbrüche (nach § 62a Abs. 2 ist keine Abbruchbewilligung außerhalb von Schutzzonen mehr nötig, für das Weltkulturerbe jedoch nur von geringer Relevanz) [23]. Entscheidender ist jedoch die nach § 129 Abs. 2 (bzw. 5) der Wiener Bauordnung gültige Bestimmung, dass der Eigentümer dafür zu sorgen hat, die Gebäude „in gutem, der Baubewilligung und den Vorschriften dieser Bauordnung entsprechenden Zustand zu erhalten". Leider kann ein effektives Eingreifen der Behörde im Allgemeinen nicht festgestellt werden. Zu oft wird diese Vorschrift nicht eingehalten, sodass als Resultat – nach Jahre langem Verfallen lassen – nicht selten die Abbruchbewilligung auf Grund „technischer" und/oder „wirtschaftlicher" Abbruchreife erfolgt. Als ganz aktuelles Beispiel für ein, zwar seitens der Magistratsabteilung als „erhaltenswert" beurteiltes, aber vom Abbruch bedrohtes Gebäude inmitten des Weltkulturerbes kann das Haus Bauernmarkt 21 angeführt werden.

Schlussfolgerung

Die Wiener Innenstadt steht unter enormem Bebauungsdruck. Wichtige Gebäude stehen noch immer nicht unter Denkmalschutz, bei weiteren kommt der Denkmalschutz knapp, aber doch zu spät. Bei anderen denkmalgeschützten Bauten wiederum steht das weisungsgebundene Denkmalamt unter Druck Kompromisse einzugehen, oder die Bescheide werden im Berufungsverfahren gegebenenfalls von der höheren Instanz „aufgehoben". Die Schutzzonenbestimmungen erscheinen nicht selten wirkungslos, und die Wiener Bauordnung scheint oft zu wenig streng angewandt zu werden. Für viele Bauten existieren bereits rechtswirksame Baugenehmigungen, die nur noch auf die Umsetzung harren. Der illegalen Bautätigkeit wird weder seitens des Denkmalamtes, noch seitens der Wiener Baubehörde wirkungsvoll Einhalt geboten. Somit scheint der Zerstörung, (Teil-)Entkernung und dem Wildwuchs an Dachausbauten nach wie vor Tür und Tor geöffnet, wenn auch eine leichte Besserung mit den neuen Bebauungsplänen in Sicht scheint.

Nun präsentiert sich der Turm mit einer Höhe von 202 Metern bis zum Spitz der Antenne. Vgl. Die Presse, Wer in Wien illegal baut, hat nichts zu verlieren, 02.03.2004.

[22] „... ist es in Wien gängige Praxis, zu groß oder zu hoch geratene Bauwerke nicht wieder abreißen zu lassen." (Die Presse, 10.05.2004), vgl. Hotel Ambassador, Neuer Markt 5, Annagasse 3a (Kurier, 29.08.2003), sowie Schubertring 2.

[23] So wurde beispielsweise das Haus Castelligasse 1, 1a im 5. Bezirk während eines laufenden Denkmal-Unterschutzstellungsverfahrens abgerissen, vgl.: http://www.nda.at/wien/05/schlossg5/text.htm

Zur generellen Problematik der Schutzzonen

Die Schutzzonen in Wien vermitteln den Bürgern den Eindruck, als ob hier die Bauten – wie der Name schon sagt – vor Abbrüchen und dem Ortsbild abträglichen Veränderungen geschützt sind. Dies trifft leider zumeist nur für Abbrüche zu, wenn jedoch in Bezug auf das örtliche Stadtbild kein öffentliches Interesse besteht oder die technische/wirtschaftliche Abbruchreife erreicht ist, darf auch rechtmäßig abgebrochen werden.[24] Zwei Fallbeispiele sollen hier noch erörtert werden, die tiefgründige Einblicke gewähren

Im Gefolge der BAWAG- und ÖGB-Krise durfte 2007 das Haus Wipplingerstraße 33 (Helferstorfergasse 17-19) abgerissen werden. Anfänglich hatte es geheißen, die Fassade bleibe gemäß der Schutzzone erhalten. Das 1915-17 ursprünglich für eine Versicherungsgesellschaft erbaute Haus wies zum Teil neoklassizistische Formen mit Anklängen an den Heimatstil auf, zuletzt nutzte der ÖGB das Gebäude. Nicht, wie man vielleicht vermutet hätte, war die technische/wirtschaftliche Abbruchreife die rechtliche Begründung für den Abriss, sondern die „fehlende Authentizität", wie es seitens der Magistratsabteilung 19, zuständig für Schutzzonen, verlautet wurde. Basis seien zwei Gutachten der renommierten Architekturhistoriker Manfred Wehdorn, der die Stadt oft in Sachen Weltkulturerbe als Architekt vertritt, und Friedmund Hueber, auch Vorsitzender des Denkmalbeirates im Bundesdenkmalamt. Sie hätten auf die „mindere Qualität des Baubestandes" hingewiesen, hieß es seitens der MA 19. Hueber distanzierte sich von der Darstellung, dass er eine Empfehlung für den Abriss abgegeben hätte und vermutete, dass aus nicht rein sachlichen Kriterien so entschieden wurde.[25] Motive gäbe es genug, denn sowohl die Stadt Wien als auch die Republik Österreich hätten Vorteile. Terminduck und die Drohung, dass die OPEC aus Wien abziehe, wenn nicht bald Ersatz für ihr altes Quartier gefunden werde, waren Aspekte, um besonders rasch zu entscheiden. Ein Neubau an dieser Stelle für die OPEC geht schneller, wäre einfacher als eine Adaptierung und wäre billiger. Ein leises Eingeständnis war seitens der MA19 zu hören: „Der Aspekt der OPEC war sicher im Hinterkopf", bestätigt auch der MA19-Leiter Franz Kobermaier. Allerdings sei die Letztentscheidung „rein fachlich gewesen". „Ich hätte bei jedem anderen Bauwerber auch so entschieden", stellt Kobermaier klar. „Das Gebäude ist störend, die Fassade weist zu viele Brüche auf. Daher ist ein Neubau die bessere Lösung", erörtert Ko-

---

[24] § 60 (1) der Wiener Bauordnung besagt: „In Schutzzonen darf die Abbruchbewilligung nur erteilt werden, wenn an der Erhaltung des Bauwerkes infolge seiner Wirkung auf das örtliche Stadtbild kein öffentliches Interesse besteht und es seiner Ausführung, seinem Charakter oder seinem Stil nach den benachbarten Bauwerken in derselben oder gegenüberliegenden Häuserzeile nicht angeglichen ist oder sein Bauzustand derart schlecht ist, dass die Instandsetzung seiner Wirkung auf das örtliche Stadtbild nach nicht gerechtfertigt erscheint oder das Bauwerk nach der Instandsetzung technisch als ein anderes angesehen werden muss.
[25] Wiener Zeitung, 24/25. Juli 2007

bermaier.[26] Anderes konnte er kaum verlauten lassen, weil er wusste, dass nur eine Entscheidung aus rein fachlicher Sicht rechtmäßig ist. Die damalige Landeskonservatorin Neubauer sprach sich klar für den Erhalt des Gründerzeitbaues aus und zeigte sich sehr verwundert, dass hier die Schutzzone nicht greift: „Wir haben geprüft, für einen echten Denkmalschutz war das Gebäude nicht ausreichend, das hier ist ein klarer Fall für die Schutzzone." – Es bleibt zu hoffen, dass der Fall keine Nachahmer findet und reihenweise nicht-denkmalgeschützte Bauten in der Innenstadt geopfert werden, meinte nicht nur die Landeskonservatorin.[27]

Einen außerhalb des Welterbegebiets gelegenen aber besonders krassen Fall stellt der Streit um den Abbruch des Biedermeierhauses in der Sigmundsgasse 5 im Bezirk Neubau dar. Hier hat der Bauwerber ein Gutachten vorgelegt, welches die technische Abbruchreife bescheinigen sollte. Die Baupolizei hat das Gutachten für ausreichend erachtet und hätte das Biedermeierhaus im Sinne der Gesetzes, dass *„das Bauwerk nach der Instandsetzung technisch als ein anderes angesehen werden muss"*, schon zum Abbruch freigegeben.[28] Zum Glück schaltete sich rasch das Bundesdenkmalamt ein, da es das Objekt auch für denkmalschutzwürdig hielt und verhängte einen vorläufigen Denkmalschutz, der sofort in Rechtskraft erwachsen ist (Mandatsbescheid). Das Bundesdenkmalamt wiederum befasste damit den Denkmalbeirat, ein Beratungsgremium des Bundesdenkmalamtes, das vor Erteilung einer Zerstörungsbewilligung gehört werden muss. Die Fragestellung, die dem Denkmalbeirat vorgelegt wurde, lautete: *„Im Zusammenhang mit dem beim Bundesdenkmalamt eingebrachten Ansuchen um Abbruch sind Widersprüche in den einzelnen Gutachten und Stellungnahmen erkennbar, die von einem zwingenden Abtrag auf Grund von Sicherheitsbetrachtungen (Technische Abbruchreife) bis zu einer uneingeschränkten Erhaltungswürdigkeit zufolge einer augenscheinlich schadensfreien Bausubstanz reichen. Der Denkmalbeirat wurde für die Beurteilung technisch relevanter Fragen beschränkt."*[29] Nach Stellungnahme der Magistratsabteilung 64 (Rechtliche Bauangelegenheiten) von März 2005 bzgl. Bewilligung um Abbruch handelt es sich um die Beurteilung und Einhaltung von 2 Kriterien „Abbruchreife in technischer Hinsicht" und dass „das Gebäude nach Instandsetzung technisch als ein anderes angesehen werden muss". Zur Beurteilung des Gutachtens, die die technische Abbruchreife bescheinigen sollte, kam der Denkmalbeirat zu folgendem Schluss:*„Es sollte nicht Stil eines Gutachtens sein, wenn (...) mit nicht hinterfragten Probewerten ein für den ungünstigsten Wandschnitt als zulässig errechneter, nur auf einem einzigen, willkürlich gewählten Festigkeitskennwert basierender Wandwiderstand, durch unzutreffend ermittelte hohe Einwirkungen als um ungefähr 50 % überschritten ausgewiesen wird, wenn einfachste Überlegungen bereits zu dem Ergebnis führen, dass – ganz im Gegenteil – die aufnehmbare Wandlast beträchtlich höher als die tatsächliche Auflast ist."* Zur Erfül-

---

[26] Wiener Zeitung, 25/26. Juli 2007
[27] Wiener Zeitung, 30/31. Juli 2007
[28] Wiener Bauordnung, § 60 (1) d
[29] Aus dem Tätigkeitsbericht des Denkmalbeirates über das Jahr 2006

lung des 2. Kriteriums, ob das Gebäude nach Instandsetzung technisch als ein anderes angesehen werde muss, wie es der Gesetzestext vorschreibt [30], gestand die Behörde ein, dass kein eigenes Gutachten eingeholt wurde. Die MA 64 verwies darauf, dass aus den Gutachten schlüssig hervorgehe, *„dass das Objekt nach Instandsetzung technisch als ein anderes anzusehen ist."* Der Denkmalbeirat: *„Wenn aber in den vorgelegten Gutachten keine Aussagen, Instandsetzungsmaßnahmen betreffend, gemacht wurden, wie kann dann bestätigt werden, dass das Objekt nach Instandsetzung als ein anderes anzusehen ist? Dieses Kriterium würde sich doch in allen jenen Fällen erübrigen, in denen nach Feststellung der technischen Abbruchreife und einem darauf folgenden Abbruch ein Neubau erstellt wird, der zwangsläufig als ein ‚technisch anderes Objekt' anzusehen ist."* Somit kommt der Denkmalbeirat zu dem für die Stadt Wien gravierenden Schluss: *„Der am gegenständlichen Objekt angelegte Bewertungsmaßstab macht die aus gleicher Zeit stammenden Gebäude entlang der Straße, aber auch die meisten Objekte des 19. Jahrhunderts zu potenziellen Abbruchobjekten."*

„Wir leben in einem Rechtsstaat", diesen Stehsatz hört man oft von Politkern sagen. Doch keine Schutzzone, kein Gesetz kann die Abbrüche von erhaltenswerten Gebäuden aufhalten, wenn die Baupolizei ihren Auftrag einer ernsthaften Prüfung nicht ausreichend nachkommt. Deswegen erscheint es wichtig, die interessierte Öffentlichkeit über diese Zustände zu informieren und auch Blicke hinter die Kulissen gewähren zu lassen, doch leider wird dies allzu oft unter dem Titel der „Amtsverschwiegenheit" verhindert. Die Amtsverschwiegenheit ist in Österreich oft übertrieben streng geregelt, aber auch oft nicht so streng, wie man es den Bürgern weismachen will. Der Autor bekam den Tätigkeitsbericht des Denkmalbeirates, aus dem hier zitiert wird, nur durch Zufall in die Hände. Obwohl – gemäß Verordnung – der Tätigkeitsbericht der Öffentlichkeit bekannt gemacht werden kann, also keine Amtsverschwiegenheit dem entgegensteht, war es dem Autor trotz Anfragen bisher nicht möglich, weitere Tätigkeitsberichte des Denkmalbeirates zu bekommen.

Außerhalb von Schutzzonen – die tägliche Gefahr des Abrisses

Am 27. Dezember 2001, gerade am ersten Werktag nach den Weihnachtsfeiertagen, fuhren in der Schloßgasse 5 die Bagger auf und zerstörten den Großteil eines Vorstadt-Biedermeierhauses vom Ende des 18. Jahrhunderts. Das Bundesdenkmalamt, das vor Monaten ein Denkmalschutz-Verfahren eingeleitet hatte, kam nun um Tage zu spät. Als der Bagger auffuhr, alarmierte eine aufmerksame Anrainerin das Denkmalamt, das nun – aufgrund von „Gefahr in Verzug" – rasch handelte und einen Mandatsbescheid [31] ausstellte, sodass die Denkmalunterschutzstellung sofort rechtskräftig wurde.

---

[30] Wie vorhin
[31] Mandatsbescheid ist ein vorläufiger Denkmalschutzbescheid ohne vorausgegangenes Ermittlungsverfahren

Bis dieser Bescheid jedoch bei der Baubehörde einlangte, war es um den Großteil des Doppel-Hauses, das mit Resten von josephinischem Plattendekor geziert war, bereits geschehen. Es wurde ein Abbruchstopp verhängt, denn ein kleiner Teil des erst jetzt rechtskräftig unter Denkmalschutz stehenden Hauses steht ja noch. Nach Prüfung der vorhandenen Reste hat man dann aber doch von einer endgültigen Unterschutzstellung abgesehen und das Haus wurde gänzlich abgerissen.

Die für das kulturelle Erbe der Stadt Wien vernichtende Situation haben wir – die Stadt und deren Bürger – der so genannten „abgeschlankten" Verwaltung zu danken: Die Einsparung und Verfahrensvereinfachung wird dem Bürger andauernd als Vorteil verkauft! Unter dem Vorwand, (nicht nur) die Bauverfahren zu vereinfachen und beschleunigen zu wollen, nimmt aber auch der Rechtsschutz ab. Bis zum Jahr 1996 konnte der Denkmalschutzbescheid vor einem Abbruchbescheid vorliegen. Jetzt fällt dieses Abbruchverfahren für Bauwerke außerhalb von Schutzzonen weg. Das heißt im Klartext: In Wien muss der Abbruch in diesen Gebieten nicht mehr genehmigt werden[32], sodass die nötige Zeit für ein fundiertes Denkmalschutzverfahren fehlt. Nur mehr der Bauführer (!) ist verpflichtet, den Abbruch mindestens 3 Tage vor Beginn der Arbeiten durch eine schlichte schriftliche Mitteilung der Baupolizei zur Kenntnis zu bringen[33], dann kann mit dem Abbruch begonnen werden! Es gibt für die Wiener Baupolizei (MA37) weder eine Verpflichtung noch eine Rechtsgrundlage dafür, das Bundesdenkmalamt von einer Abbruchmitteilung zu informieren![34] Dem Wettlauf mit dem Immobilien- und Baumarkt fällt das historische Bauwerk zum Opfer.

Der neu gegründete Verein „Initiative Denkmalschutz"[35], wie zuvor schon „Netzwerk Denkmalschutz"[36], fordert deshalb eine Novellierung der Wiener Bauordnung, die die Wiedereinführung der Abbruchbewilligung auch außerhalb von Schutzzonen vorsieht. Kaum hat „Netzwerk Denkmalschutz" im Frühjahr 2006 auf die drohende Gefährdung der Jugendstilvilla in der Buchbergstraße 1 in Penzing medial hingewiesen, kam wenige Tage danach der Bagger und zerstörte das Gebäude. Zuvor hatte dem Vernehmen nach ein Mitarbeiter des Denkmalamtes die Villa in Augenschein genommen, jedoch keinen Mandatsbescheid erlassen.

Auch in Grinzing wurde im Dezember 2007 die historische Villa mit rundem Eckturm in der Langackergasse 15 abgerissen und im Sommer 2008 die Seefranz-Villa aus dem Jahr 1929 mit dem charakteristischem kurvenlinearem, tonnenartigen Dach

---

[32] Wiener Bauordnung, Bewilligungsfreie Bauvorhaben, § 62a Abs.1 Z.2
[33] Wiener Bauordnung, § 62a Abs.1 Z.2, und Abs. 5, § 124 Abs. 2
[34] Auch bei Abbrüchen und Umbauten in Schutzzonen wird das Denkmalamt von der Baupolizei nicht informiert (so musste unlängst das Denkmalamt auch beim „Hauermandl" in der Cobenzlgasse 20 in Grinzing – während eines laufenden Denkmalschutzverfahrens(!) – einen Mandatsbescheid wegen „Gefahr im Verzug" erlassen, da mit Abbruch- bzw. Umbauarbeiten begonnen wurde) – auch werden Bauansuchen etc. im Amtsblatt der Stadt Wien seit Jahresbeginn 2007 nicht mehr kundgemacht, sodass auch diese wichtige Informationsquelle jetzt verloren gegangen ist.
[35] www.initiative-Denkmalschutz.at
[36] www.Denkmalschutz.at

106: Börseplatz 1. Das ehemalige Telegraphenamt soll teilentkernt zum Hotel werden. Ein eindrucksvolles Stiegenhaus und beachtliche Säle in der obersten Etage erscheinen akut gefährdet.

107: Die Dachausbauten am Burggarten (Goethegasse 1) orientieren sich am Beispiel der einstigen Kuppeln dieses mächtigen Ringstraßenbaus und wurden deshalb vom Denkmalamt gut geheißen.

108: Kohlmarkt: Auf relativ unauffällige Art wurde viel Dachgeschossfläche gewonnen.

109: Schulerstraße 11: Hier galt schon eher die Devise offensiven Draufsetzens.

110: Neuer Markt 5, Hotel Ambassador: Am Vorbild des hohen Vorkriegsdaches orientiert, aber um einiges höher

111: Neuer Markt, Hotel Ambassador: Der Blick von oben verdeutlicht das Ausmaß an gewonnener Geschossfläche in bester City-Lage

112: Ein Ziggurat in der Volksgartenstraße 3

113: Dachgeschossausbau oder doch eher mehrfache Aufstockung aufs Haus des Tradtionscafés Sperl, Gumpendorferstraße

114: Nibelungenstraße 1-3: Zacken, die entzücken? Auch der Blick auf die Verkehrshölle Karlsplatz hat offenbar seine Reize.

Repertorium von Problemfällen im Welterbegebiet

Markus Landerer

Albertina, Augustinerstraße 1 / Albertinaplatz, Teilzerstörung und Vordach 1999-2003
- Unter Denkmalschutz
- Im Rahmen einer umfassenden Renovierung und Revitalisierung der Albertina (1999-2003) wurden wesentliche Eingriffe vorgenommen.
- Ausladendes Vordach
 Wesentlicher Kritikpunkt bei der Projektbeurteilung von der Wettbewerbsjury: „Das überdimensionierte Vordach stört das Erscheinungsbild des Albertinagebäudes empfindlich. Es durchschneidet den vertikalen architektonischen Aufbau und verstellt die Sicht auf wesentliche Partien der Fassaden, auch auf den neuen Haupteingang selbst". Auch das Bundesdenkmalamt äußerte anlässlich der Projektpräsentation im Jahr 2001 Bedenken, doch das österreichische Denkmalschutzgesetz kennt nur den Substanzschutz und nicht einen umfassenden Umgebungsschutz (außer in Bezug auf „Reklameschilder, Schaukästen, Aufschriften und dergleichen", Denkmalschutzgesetz § 7).
- Teilentkernung und „wesentliche Verluste" im Inneren
 Die gravierendsten Eingriffe in die innere Substanz der Albertina betrafen die Entkernung der sog. „Alten Albertina"[1] und die damit im Zusammenhang stehende Zerstörung des Bibliotheksganges. Die Entkernung war im Zuge des Berufungsverfahrens durch einen Bescheid des Bundesministeriums für Bildung, Wissenschaft und Kultur gedeckt. Weniger bekannt ist, dass durch den Bescheid nur ein relativ kleiner Teil des Hauses dem Denkmalschutz entzogen wurde (u. a. auch das „Gehobene Zimmer"). Alle anderen Teile unterstanden *de jure* weiterhin dem Denkmalschutzgesetz. *De facto* kam es aber auch hier zu tiefgreifenden Verlusten:
  - Der Bodenbelag aus Kehlheimer Platten in Minerva-, Säulen- und Pfeilerhalle ist beim Umbau durch ästhetisch zweifelhafte, historisch jedenfalls unrichtige Marmorplatten ersetzt worden.
  - Im Bereich der sog. Sphingenstiege befand sich am Beginn des Treppenhauses eine schmiedeeiserne Flügeltür. Es handelte sich um eine erstklassige Arbeit des Empire an ihrem zweifellos originalen Standort. Sie ist seit Eröffnung des Hauses nicht mehr am Platz und ihr jetziger Aufbewahrungsort ist nicht bekannt.

---

[1] Unter „Alter Albertina" verstand man die beiden parallelen Gänge im dritten Stock des ehem. Augustinerklosters, im an der Augustinerstraße gelegenen Trakt (vgl. den Grundriss bei H. Herzmansky, Die Baugeschichte der Albertina, in: Albertinastudien, III, 1965, S. 117, Abb.7)

- Zerstörung des kornhäuselschen Konzepts im Vorraum zum Musensaal (vgl.Abb.), originaler Dekor und Gliederung ging verloren. Die seitlichen Türen wurden auf ein Maximum vergrößert.
- Das „Gehobene Zimmer" ist nach dem Umbau durch „Einhausung" „verschwunden". Es stellt sich die Frage nach dem Verbleib der Ausstattungsstücke. Besonders dringend ist die Frage nach dem Intarsienboden: Es handelte sich um einen der schönsten Böden der Albertina. Augenzeugen haben berichtet, dass dieser Boden ungeachtet seiner musealen Qualität im Zuge des Umbaues zerstört wurde.
- Intarsierte Böden befanden sich auch in der sog. Winterkanzlei sowie in einem Gang hinter dem Chorhaupt. Es handelte sich um originale Plattenparketts mit gotisierendem Dekor. Der Gang ist heute mit einem modernen Boden ausgestattet. Wie mit dem originalen Boden verfahren wurde, ist nicht herauszufinden.
- In Zwickelräumen hinter dem Chorhaupt befanden sich Einbauschränke aus der Zeit Herzog Alberts (1.Drittel 19.Jh.), es handelte sich um qualitätvoll gearbeitete Nutzmöbel von beträchtlichem historischen Wert. Sie wurden herausgerissen und zerstört.
- Besonders schwerwiegend sind die Eingriffe im Festsaal. Die bis zum Umbau so gut wie vollständig erhaltenen Zierelemente an den Pilastern wurden samt und sonders durch Nachgüsse aus Kunstharz ersetzt.
- Zur Ausstattung des Festsaals gehören zwei wandfeste Tische mit seitlichen Löwenkonsolen. Bei der Renovierung ist von den bis dahin unberührten, zur Kornhäusel-Ausstattung zählenden Tischen wenig übrig geblieben: Original sind lediglich die Löwenteile. Aufbauten, Sockel und Rückwände sind funkelnagelneu (z. T. aus Spanplatten und Plastik). Die beiden Konsoltische im Festsaal gehören zu den wenigen im Haus verbliebenen Prunkmöbel der Kornhäusel-Ausstattung.
- Auch bei den Spiegeln wurde der Bestand bereinigt. Bei der Renovierung wurden alle alten Spiegel (originale, erblindete, in ihren Unregelmäßigkeiten überaus schöne Spiegelgläser) durch neue Gläser ausgetauscht.
- Der Kamin im Goldkabinett besaß bis zuletzt seinen Kaminvorhang. Er war aus auffallend feinen Eisengliedern gefertigt und inklusive seiner Montage original. Bei der Renovierung wurde er entfernt.

Es sei noch einmal betont, dass die hier angesprochenen Verluste Bereiche betreffen, auf die der Bescheid des Ministeriums nicht bzw. nur mit Auflagen (im Fall des Gehobenen Zimmers) anwendbar war.

- Literatur:
Zeitschrift „Steine Sprechen", Nr. 129, Okt. 2004, S. 2-7
Dehio, 2003, S. 271-280
Klein/Kupf/Schediwy, Stadtbildverluste Wien, 2004, S. 12
Parlamentarische Anfrage Juni 2001 (2546J, XXI. GP) – Beantwortung (2527/AB, XXI. GP)
Zeitung Der Standard, Kommentar der Anderen: Andreas Lehne „Dicke Rampe, armes Erbe", 13.12.2003

Babenbergerstraße. 1 / Burgring 3, Dachausbau
- Unter Denkmalschutz
- An einer sensiblen Stelle der Wiener Ringstraße, gleich neben dem Kunsthistorischen Museum und gegenüber dem Burggarten, ist ein Dachausbau 2007 gebaut worden (Eigentümer: Wiener Städtische Versicherung, Mieter ist der ehem. Finanzminister Karl-Heinz Grasser). Dem der Ringstraße abgewandten spiegelgleichen Nachbarobjekt hat man vor wenigen Jahren einen Dachausbau untersagt.
- Dehio-Beschreibung (Zusammenfassung):
Bemerkenswerter. frühhistoristischer Baublock, erb. 1862 von Johann Romano und August Schwendenwein.
- Literatur:
Dehio, 2003, S. 634
Die Presse, Grassers neue Luxuswohnung: Ringstraßenpalais vor Ausbau, 25.02.2006

Bauernmarkt 1, Dachausbau
- unter Denkmalschutz
- Seit mehreren Jahren liegt ein rechtmäßiger Bescheid zum Abriss des gesamten Daches vor (Architekt Manfred Wehdorn). Bis heute nicht umgesetzt
- Dehio-Beschreibung (Zusammenfassung):
Oppenheimersches Haus / „Zur Brieftaube": Bemerkenswertes barockes Bürgerhaus, mittelalterlicher Kern (Keller), rückwärtiger Trakt 17. Jh., im 1. V. 18. Jh. umgestaltet. Mansarddach mit bemerkenswertem Dachhäuschen und originalen Schornsteinen.
- Literatur:
Dehio, 2003, S. 645f.

Bauernmarkt 21, Fleischmarkt 4, von Abbruch bedroht
- Laut BDA nicht denkmalschutz-würdig
- Seit dem Eigentümerwechsel 2003 werden die Mieter laut Zeitungsberichten „nach und nach hinausgeekelt". Der Eigentümer (Lenikus) spricht von „akuter Einsturzgefahr" und hat schon einen Architektenwettbewerb gestartet. Ein Antrag auf Abriss wurde vorerst abgelehnt, das Haus verfällt zusehends. „Der Hauseigentümer läst bei Minusgraden Türen und Fenster offen. Das führte schon mehrmals zu einem Wasserrohrbruch." (Kronen Zeitung). Originaler Aufzug wurde aus der Verankerung gerissen. Das Haus ist nicht für eine Unterschutzstellung vorgesehen (Beim Zwillingshaus gegenüber (Nr. 24) läuft ein Unterschutzstellungsverfahren, Stand 2006): Nach der Wiener Bauordnung (§ 129 Abs. 2 u. 5) wäre der Eigentümer verpflichtet das Haus „in einem guten, der Baubewilligung und den Vorschriften dieser Bauordnung entsprechendem Zustand zu erhalten."
- Dehio-Beschreibung (Zusammenfassung):
Sechsgeschossiges Eckhaus mit turmartigen Eckerker mit Laternenhelm (erbaut 1910 von Anton Hein), sezessionistischer Wandfliesendekor, Aufzug aus der Bauzeit.
(Laut Kulturgüterdatenbank der Stadt Wien (Stand 2000): Erhaltene Fenster, Fassaden und Struktur des Kernes)
- Literatur:
Dehio, 2003, S. 647
- Tageszeitungen

Kronen Zeitung, Berühmter Piano-Bar droht nun die Sperre, 20.04.2005
Kurier, Ausgespielt: Broadway Piano Bar in der Innenstadt soll zusperren, 25.06.2005
Kronen Zeitung (Ausgabe: Wien-Mitte), Wirbel um desolates Gebäude geht weiter: Baupolizei kann keine Abrissreife feststellen, 17.08.2005

Börseplatz 1 (k.k. Telegraphen-Zentralstation), Teilentkernung für Hotelnutzung
- unter Denkmalschutz
- Geplant ist ein Umbau zum Hotel, der bis heute nicht umgesetzt wurde. Es spießt sich am Denkmalschutz respektive an den vielen Stiegenhäusern und Festsälen, die der neue Eigentümer für den Umbau zu einem Luxushotel (zumindest teilweise) opfern will. Interessant, dass bereits der Dehio (Hrsg. Bundesdenkmalamt) von einem „Umbau zu Hotel ab 2003" schreibt. Derzeit Stillstand der Verhandlungen. Das Gebäude steht seit über sechs Jahren leer.
- Dehio-Beschreibung (Zusammenfassung):
Strenghistoristischer Palaistypus (erhöhter Mittelrisalit), erb. 1870-73, 1902-05 seitl. Geschosserhöhungen. Im Inneren u.a.: Mehrere Vestibüle, Kassensaal, Stiegenhaus, Apparatsäle
- Literatur:

Dehio, 2003, S. 655f.
Steinschlag, Nr. 128, Mai 2004 (Hrsg. Österreichische Gesellschaft für Denkmal- und Ortsbildpflege)
Die Presse, Wiener Innenstadt: Tauziehen um zwei neue Luxushotels, 07.02.2005

Creditanstalt-Bankverein (ehem.), Schottengasse 6-8, Dehio S. 324ff. (Monumentalbau)
- BDA: noch nicht untersucht bzw. kein laufendes Verfahren

Dorotheum, Dorotheergasse 17, Dehio S. 333-335 (Monumentalbau)
- BDA: noch nicht untersucht bzw. kein laufendes Verfahren (Stand 2006)

Erste Österreichische Sparkasse (ehem.), Graben 21, Dehio S. 342f. (Monumentalbau)
- BDA: erst Vorerhebungen, die Vorankündigung liegt noch in der Rechtsabteilung (daher muss auch noch kein Baubescheid gemeldet werden) (Stand 2006)

Gerichtsgebäude, Riemergasse 7, Teilentkernung für Hotelnutzung
- Unter Denkmalschutz
- Seit dem Umzug des Handelsgerichts 2003 in den City-Tower bei Wien-Mitte leerstehend. Verwertung durch die Bundesimmobiliengesellschaft (BIG). Geplant ist ein 5-Sterne-Hotel und Wohnungen. Das Denkmalamt ist unglücklich über diese Entscheidung „Da bleibt kein Stein auf dem anderen" (Die Presse). Erst vor einigen Jahren wurde das Handelsgericht um 15 Mio Euro denkmalgerecht saniert. Die Versteigerungshalle soll dem Vernehmen nach ganz abgerissen werden.
- Dehio-Beschreibung (Zusammenfassung):
Monumentales, 3seitig freistehendes Verwaltungsgebäude mit reicher Putzfassade im Stil der Otto-Wagner-Schule (erb. 1906-08, Alfred Keller u. Moritz Kramsall).
Im Inneren bemerkenswertes Vestibül, Stiegenhäuser, Verhandlungssäle, Präsidialräumlichkeiten, Versteigerungshalle
- Leerstehend, vor Umbau zu Hotel

- Literatur:
Dehio, 2003, S. 358f.
Steinschlag, Nr. 128, Mai 2004
- Tageszeitungen:
Die Presse, Tauziehen um zwei neue Luxushotels, 07.02.2005
Die Presse, 5-Sterne-Hotel, Wohnungen, Büros: Alles ist möglich für Handelsgericht, 16.12.2003
Die Presse, Das Handelsgericht will niemand haben, 01.12.2003

Goethegasse 1, Dachausbau 2003-2004
- unter Denkmalschutz
- Dominanter, mehrgeschossiger Dachaufbau. Wurde in Abstimmung mit dem Denkmalamt bewilligt. Die Kubaturen des Dachaufbaues orientieren sich in den groben Umrissen an die ehem. originale Dachlandschaft, die kurz nach 1945 verloren ging.
- Dehio-Beschreibung (Zusammenfassung):
Ehem. Nebengebäude des Erzherzog Albrecht-Palais: Erb. 1862/63 von Anton Ölzelt. Bemerkenswerter monumentaler, früher strenghistoristischer Baublock. Breit gelagerte Fassaden in Formen der Neu-Wiener-Renaissance.
- Literatur:
Dehio, 2003, S. 698f.

Himmelpfortgasse 8a, Dehio S. 724
- Dehio-Beschreibung: Erb. um 1752-54 als spätbarockes Amtsgebäude für die Münz- u. Bergbehörde. Originaler Dachstuhl mit Auszug zu Hof
- BDA: noch nicht untersucht bzw. kein laufendes Verfahren (kein § 2 !; Stand 2006)

Hofkammerarchiv, Johannesg. 6, Teilabsiedlung
- unter Denkmalschutz
- Im April 2006 wurde das Hofkammerarchiv wegen Übersiedlung einzelner Bestände in das Zentralarchiv vorübergehend geschlossen. Zuvor gab es mehrere Proteste gegen die Teilabsiedlung.
- Angesichts der historischen Bedeutung, die das Hofkammerarchiv mit seinen Archivbeständen aus vielen Jahrhunderten in dem in seiner ursprünglichen Widmung erhalten gebliebenen ältesten Archivzweckbaus Mitteleuropas hat, wurde es 1988 von der Übersiedlung in das neue Zentralarchiv des Österreichischen Staatsarchivs in Wien 3, Nottendorfer Gasse 2, ausgenommen.
- Das Archiv wurde mittlerweile teilweise abgesiedelt. Ob diese Teilabsiedlung rechtmäßig erfolgt ist, muss in Zweifel gezogen werden. [2] Dabei wurden u. a. die originalen Faszikeldeckel

---

[2] Die Rechtmäßigkeit der Teilabsiedlung hat der Rechtsexperte auf dem Gebiet des Denkmalschutz, DDr. Manfred Hocke, in Zweifel gezogen. Dazu seine Meinung in der Zeitschrift „Steine Sprechen", Nr. 133 (Hrsg. Österreichische Gesellschaft für Denkmal- und Ortsbildpflege): „Es ist davon auszugehen, dass die Unterschutzstellung nach dem DenkmalschutzG den Eigentümer der Archivbestände (Republik Österreich) auch sachenrechtlich daran hindert, eigenmächtig die Widmung derjenigen Archivbestände, die im Zeitpunkt der Unterschutzstellung vorhanden waren, zu ändern und sie an einen anderen Ort zu verbringen. Erreicht die nunmehr angekündigten Übersiedlung ein Ausmaß, der einer

(18./19.Jh.) von den Akten getrennt. Was mit diesen Deckeln geschehen ist, ist nicht ganz geklärt. Zeitweise waren sie offenbar für die Ausscheidung aus dem Archiv vorgesehen. Der Autor dieses Berichtes ist im Besitz einiger Originale.
- Dehio-Beschreibung (Zusammenfassung):
  Einer der ältesten Archivbauten Mitteleuropas und bemerkenswertes Beispiel eines zweckmäßigen Ständerbaus am Übergang vom klassizistischen Kubischen Stil zum Frühen Historismus, dessen ursprüngliche Widmung bis heute erhalten ist. Erb. 1843/44 nach Plänen von Paul Sprenger.
- Literatur:
  Dehio, 2003, S. 467f.
- Zeitungsartikel:
  Kurier, Muss Grillparzer übersiedeln?, 31.07.2003
  Wiener Zeitung, Hirnschmalz oder Kulturschande?, 23.04.2005
  Die Presse, Der Zeitpunkt zu sprechen ist jetzt! – Streitfall Hofkammerarchiv. Die Proteste gegen eine Übersiedlung verschärfen sich, 09.05.2005
  Wiener Zeitung, Kammerarchiv: Der Kern bleibt, 15.06.2005
  Wiener Zeitung, Wiener Hofkammerarchiv gerettet, 27.12.2005
  Wiener Zeitung, Leserbrief von Univ.-Prof. Thomas Winkelbauer, 07.03.2006

Hotel, Grand Hotel (ehem.), 1991-94 Neubau unter Beibehaltung der Fassade, Fassade
- 2002 unter Schutz gestellt

Hotel Imperial (ehem. Herzog Philipp von Württemberg-Palais), Kärntner Ring 16, Dehio S. 380-383 (Monumentalbau)
- BDA: laufendes Verfahren (seit 2002) (Stand 2006)

Hotel Sacher, Philharmonikerstr. 2-6, Albertinaplatz 2-3, Dachaufbau 2004-2005
- nicht unter Denkmalschutz
- Das weltberühmte Hotel Sacher, gleich hinter der Staatsoper gelegen, bekam im Jahr 2004-2005 einen dominanten und deutlich sichtbaren, 3stöckigen Dachaufbau (Architekt Sepp Frank). Entsprechend groß war die Aufregung darüber in der Öffentlichkeit. Die Landeskonservatorin von Wien, Dr. Barbara Neubauer: „Das Stadtbild wird durch den dreistöckigen Zubau gestört"[3] und empört sich darüber, dass kurz bevor das Sacher unter Denkmalschutz gestellt worden wäre, nun der Ausbau kommt: ‚Das geht weiter über das hinaus, was wir genehmigen würden'"[4] Sie zeigt sich „tief betroffen", dass seitens der Stadt keine Reduktion „an einem der sensibelsten Orte Wiens" erzielt werden konnte.[5] Der berüchtigte Paragraph § 69 der Wiener Bauordnung („geringfügige Abweichung") kam auch zur Anwendung, wegen „wirklich minimaler" Überschreitung der Bauhöhe (Planungsdirektor und

---

Zerstörung gleichkommt, ist ein mündlicher Bescheid des Bundesdenkmalamtes jedenfalls unzulässig. Gleiches ist für den Fall anzunehmen, dass eine Veränderung den Umfang einer Detailmaßnahme übersteigt. Der Umfang der nunmehr eingeleiteten Absiedlung von Archivbeständen wird Maßstab für die Beurteilung als Zerstörung (schriftlicher Bescheid) bzw Veränderung (schriftlicher Bescheid) bzw das Vorliegen einer bloßen Detailmaßnahme (mündlicher Bescheid) sein."

[3] Format-Magazin, Hotel Sacher: Dachschaden?, 29.08.2003
[4] Die Presse, Drei Geschoße mehr für das Sacher, 22.08.2003
[5] Die Presse, 2550m^2 mehr, um überleben zu können, 29.08.2003

Weltkulturerbebeauftragter Arnold Klotz) [6] und weil Staffelgeschoße in der Schutzzone nicht zulässig sind. [7]
- Dehio-Beschreibung (Zusammenfassung):
Traditionsreichstes Wiener Hotel. Bedeutendes strenghistoristisches Bauwerk in Formen der Neu-Wiener-Renaissance (erb. 1874-76). Einheit mit gleichzeitig errichteter freistehender Häusergruppe Kärntner Straße 36-38
- Erläuterung bzw. Literatur (Dehio):
Philharmonikerstr. 2 = Kärntner Str. 38 Dehio, S. 745
Philharmonikerstr. 4 („Hotel Sacher") Dehio, S. 573f. („Monumentalbau")
Philharmonikerstr. 6 = Albertinaplatz 3 Dehio, S. 792
Maysedergasse 5 = Albertinaplatz 2 Dehio, S. 792 (Doppelhaus mit Philharmonikerstr. 6)
Maysedergasse 1 = Kärntner Str. 36 Dehio, S. 745 (nur dieses Gebäude unter Denkmalschutz)
- Medienartikel:
Die Presse, Drei Geschoße mehr für das Sacher, 22.08.2003
Der Standard, Sacher-Aufstockung versetzt, 23.08.2003
Die Presse, 2550m² mehr, um überleben zu können, 29.08.2003
Format-Magazin, Hotel Sacher: Dachschaden?, 29.08.2003
Kurier, Das Hotel Sacher braucht mehr Platz, 29.08.2003
Kurier, Sacher: Kritik an der Stadtregierung, 30.08.2003
Die Presse, Sommerpause für das Sacher, 11.05.2004

Hotel Sacher, Philharmonikerstraße 4, Dehio S. 573f. (Monumentalbau)
- BDA: noch nicht untersucht bzw. kein laufendes Verfahren (Stand 2006)

Kaipalast, Franz-Josefs-Kai 47, Abriss 2001
- (Neubau „k47")
- war nicht unter Denkmalschutz
- Das Gebäude wurde von der Magistratsabteilung 19 als „erhaltenswert" eingestuft, doch konnte der Eigentümer Gutachten vorlegen, die die „technische Abbruchreife" bescheinigten. Nach Protesten gegen den Abbruch wurde seitens der Stadt Wien ein weiteres Gutachten eingeholt (TU-Wien, Kollegger). Laut einem Zeitungsartikel „sprach sich dieses Gutachten für den Erhalt aus", doch da dieses Gutachten – entgegen der Ankündigung des Eigentümers [8] – nicht offen gelegt wurde, kann man sich bis heute als Außenstehender kein objektives Bild machen, ob auch wirklich die „technische Abbruchreife" gegeben war. Das Gebäude wurde 2001 abgerissen. Heute steht dort ein moderner Bürobau („k47").
- Achleitner: „...gehört das Haus entwicklungsgeschichtlich zu den interessanten Beispielen der Wiener Architektur der Jahrhundertwende."
- Dehio-Beschreibung (Zusammenfassung):
sog. Kaipalast, erb. 1911/12, Laut Dehio „Pionierbau der Wiener Moderne. Bedeutender secessionistischer Eisenbetonbau in Ständerbauweise."
- Literatur:

---

[6] Der Standard, Sacher-Aufstockung versetzt, 23.08.2003
[7] Kurier, Das Hotel Sacher braucht mehr Platz, 29.08.2003
[8] Vgl. APA-OTS-Aussendung vom 16. November 2000 (www.ots.at)

Zeitschrift „Steine Sprechen", Nr. 118, Juni 2000
Dehio, 2003, S. 690f.
Friedrich Achleitner, Österr. Architektur des 20. Jh., 1990, S. 14

Kohlmarkt 5, ehem. Loos-Geschäft, 2001 verändert
- noch nicht(?) unter Denkmalschutz
- Das Bundesdenkmalamt wollte das Gebäude vor vielen Jahren unter Denkmalschutz stellen. Der Eigentümer hat gegen den Denkmalschutz-Bescheid berufen. Die nächst höhere Instanz, das Bundesministerium für Kultur, hätte innerhalb von 6 Monaten eine Entscheidung treffen müssen, doch blieb der Einspruch unbearbeitet mehr als 17 Jahre lang liegen, sodass dem Vernehmen nach bis heute das Gebäude nicht unter Denkmalschutz steht (Stand 2006). Somit konnte auch das früheste bekannte Werk von Adolf Loos, der Schneidersalon Ebenstein, „verändert" werden. (Eigentümer des Hauses ist die Versicherung Generali).
- Dehio-Beschreibung (Zusammenfassung):
Bemerkenswertes späthistorischtisches Geschäftshaus (erb. 1896/97 von Carl König und Alois Schumacher). Im Hochparterre ehem. Schneidersalon Ebenstein, frühestes bekanntes Werk von Adolf Loos, 1897, 2001 verändert.
- Literatur:
Dehio, 2003, S. 749f.
Diverse Zeitungsartikel (Kronen Zeitung)

Kohlmarkt 8-10 (ehem. Patentamt), Dachaufbau
- unter Denkmalschutz (seit 1985)
- Dachausbau 2005-2006, offenbar höher als erlaubt.
- Dem Vernehmen nach sind 2 ausgebaute Dachgeschoße genehmigt, unter Beibehaltung der ursprünglichen Firsthöhe. Aktuell präsentiert sich der Dachausbau jedoch höher. Höher wäre nur ein „technischer Ausbau" erlaubt. Dieser massive Ausbau wurde jedoch zweckentfremdet für Wohnungen/Büros.
- Dehio-Beschreibung (Zusammenfassung):
Strenghistoristisches Eckhaus mit Risalitgliederung (erb. 1875 von Ludwig Tischler)
- Literatur:
Dehio, 2003, S. 750f.

Künstlerhaus, Karlsplatz 5, vor Aufstockung?
- unter Denkmalschutz
- Immer wieder, so auch 2006 wurden Pläne einer Aufstockung für das Künstlerhaus in den Medien publik. Für eine Beurteilung, wie weit diese Pläne ernsthafte Realisierungschancen haben, ist es aber noch zu früh.
- Dehio-Beschreibung (Zusammenfassung):
Als bedeutendes historisches Ausstellungshaus einer der herausragendsten Monumentalbauten des Wiener Ringstraßen-Ensembles. Erb. 1865-68 von August Weber.
- Literatur:
Dehio, 2003, S. 486-490
- Medienberichte:
Der Standard, Künstlerhaus der Geschichte, 29./30.04.2006
http://wien.orf.at, Neue Idee: Künstlerhaus für „Haus der Geschichte", 28.04.2006

Länderbank (ehem.), heute Bank Austria-Creditanstalt, Am Hof 2, Bognergasse 4, Dehio S. 492 (Monumentalbau)
- 1913-1915 von den Architekten Alexander Neumann und Ernst Gotthilf für die Niederösterreichische Escompte-Gesellschaft errichtet.
- BDA: noch nicht untersucht bzw. kein laufendes Verfahren (Stand 2006)
- Literatur:
  nach einer Meldung in NEWS vom 11.12.2008 wurde das Gebäude Am Hof 2 von der Band Austria an den Tiroler Immobilienentwickler René Benko mit seiner Signa Holding verkauft, der dort ein Luxushotel errichten will.

Neuer Markt 5, Hotel Ambassador, Dachaufbau 2002
- nicht unter Denkmalschutz
- Für einen neuen Dachausbau am Hotel Ambassador hatten die Verantwortlichen für das Stadtbild zunächst schwere Bedenken, Anrainer waren dagegen. Nach Recherchen stellte man fest, dass das ursprüngliche Dach vor 1945 wesentlich höher war. Somit stand einer Bewilligung in den ursprünglichen Dimensionen nichts mehr im Wege. Entsprechende Skizzen der MA19 wurden damals den Anrainern präsentiert. Während des Baues wurde neben diesem Dachneubau auch noch plötzlich ein 2stöckiger Glas-Loft auf das Dach aufgesetzt, wofür keine Bewilligung vorlag (neue Gebäudehöhe 36,8 Meter). Trotz des illegalen Dachaufbaus musste nachträglich so gut wie nichts abgerissen werden (nur eine Achse wurde geringfügig zurückversetzt).
- Dehio-Beschreibung (Zusammenfassung):
  Späthistoristisches Hotelgebäude (erb. 1897), 1945 Zerstörung des Traktes zum Neuen Markt. Wiederaufbau in reduzierten Formen 1947, 1992 Rekonstruktionen nach alten Plänen,
- Literatur:
  Dehio, 2003, S. 780
- Zeitungsartikel:
  Die Presse, Wenn Herr Pal durch Wiens City schlendert, oder: Wie Entscheidungen ihren Schöpfer überleben, 09.04.2001
  Die Presse, Über den Wolken ... ist offensichtlich die Freiheit grenzenlos, 28.01.2002
  Die Presse, Dachausbau soll abgerissen werden, 03.05.2002
  Die Presse, Dach zu hoch: Abriß vertagt, 20.02.2003
  Die Presse, Wer in Wien illegal baut, hat nichts zu verlieren, 02.03.2004

Neuer Markt 9, Dachaufbau 2001-2002
- war nicht unter Denkmalschutz, danach erfolgte Unterschutzstellungsverfahren
- Direkt neben der weltberühmten Kapuzinergruft, deutlich sichtbar am Neuen Markt, beherrscht seit 2002 ein dominanter Dachaufbau die dortige Dachlandschaft. Stellungnahme des Leiters der Magistratsabteilung 19 (zuständig für Schutzzonen): „Eine sehr zierliche Pergola über der Attika" werde „den eigentlichen Abschluß der Fassade bewirken und das zitierte Terrassengeschoß optisch weiter in den Hintergrund rücken." (Eigentümer des Dachausbaus ist eine der reichsten Personen in Österreich)
- Dehio-Beschreibung (Zusammenfassung):
  Josephinisches Zinshaus. Erb. 1788 von Peter Mollner.

„2001/02 dreigeschossige penthouseartige Aufstockung mit Balkonen und Dachterrassen" (Zitat Dehio)
– Literatur:
Dehio, 2003, S. 781
– Zeitungsartikel:
Die Presse, Wenn Herr Pal durch Wiens City schlendert, oder: Wie Entscheidungen ihren Schöpfer überleben, 09.04.2001

Nibelungengasse 1-3, Friedrichstr. 8, Dachausbau
– nicht unter Denkmalschutz
– Gesamter Dachstuhl wurde abgetragen, Penthäuser wurden 2006-2007 errichtet (Arch. Rüdiger Lainer; Lainer ist auch Mitglied des Fachbeirates für Stadtgestaltung).
– Dehio-Beschreibung (Zusammenfassung):
Nibelungenhof: Bemerkenswertes 3seitiges, freistehendes, strenghistorisches Miethaus in Formen der Neu-Wiener-Renaissance. Erb. 1870/71 von Johann Romano und August Schwendenwein.
– Literatur:
Dehio, 2003, S. 784f.
– Zeitungsartikel:
Der Standard (Immobilien), 4./5. Februar 2006

Opernring 15, Robert-Stolz-Platz 1, Entkernung, ca. 2001-2002
– unter Denkmalschutz (seit 1965)
– Das Gebäude wurde ca. 2001-2002 komplett entkernt, nur die Fassade und eine einzelne Stiege blieben erhalten. (Ebenso entkernt Robert-Stolz-Platz 2)
– Dehio-Beschreibung (Zusammenfassung):
Opernring 7-15: Erb. 1861 von Anton Ölzelt. Bemerkenswerter Gruppenbau aus symmetrisch-identen frühhistorischen Fassaden in Formen der Neu-Wiener-Renaissance.
– Literatur:
Dehio, 2003, S. 786f.

Österreichische Creditanstalt für Handel und Gewerbe (ehem; heute Kunstforum der Bank Austria), Renngasse 2, Freyung 9, Dehio S. 535f. (Monumentalbau)
– BDA: noch nicht untersucht bzw. kein laufendes Verfahren (Stand 2006)

Palais Abensberg-Traun (ehem.), Weihburggasse 26, Schellingg. 2, Dehio S. 265 (Monumentalbau)
– BDA: noch nicht untersucht bzw. kein laufendes Verfahren (Stand: 2006)

Palais Coburg, Seilerstätte 1-3, Teilentkernung, 2000-2003
– unter Denkmalschutz
– Ab 2000 wurde das Palais zu einem Nobelhotel umgebaut. Teile des Objekts wurden funktional abgetrennt. Der (verbliebene) Haupttrakt wurde im Zuge der Umbauarbeiten – einschließlich der Kellergeschosse – entkernt (Abbruch praktisch aller Verbindungsstiegen, Geschossdecken, vieler Gewölbe usw., Einbau neuer Betonkonstruktionen mit anderer Lage), das Dach wurde komplett entfernt und durch eine Betonkonstruktion („Sargdeckel") mit

anderer Höhe und Dachneigung ersetzt, wobei zusätzlich technische Einrichtungen auf das Dach gesetzt wurden. Im Gebäudeinneren wurden lediglich die Prunkstiege und die Repräsentationsräume belassen, wobei jedoch auch hier wesentliche Eingriffe erfolgten. Die Fassade zum Ring wurde auch durch den Anbau neuer Freitreppen zur Bastei verändert, die Basteimauer wurde durchbrochen und dort ein neuer (Haupt)-Zugang zum Objekt hergestellt Auch die Seitenflügel wurden aufgestockt.
- Von der Originalsubstanz blieb ein verschwindend geringer Teil. Insgesamt stellt das nun vorhandene Bauwerk wohl eher einen Neubau dar, wobei die Reste der historischen Substanz nichts weiter als Camouflage für ein vorgegebenes „historisches Ambiente" sind.
- Der Haupttrakt (Seilerstätte 3) wird flankiert von zwei Häusern (Seilerstätte 1 und 5), die gleichsam als zugehörige Seitentrakte in Erscheinung treten. Das Haus Seilerstätte 5 (Ecke Weihburggasse) wurde 1998 aufgestockt. Es hat zwar nicht zum Palais gehört, doch hat es im Grundbuch eine Verpflichtung gegeben, das Haus nicht höher zu bauen, als den – zum Palais gehörenden – Seitentrakt Seilerstätte 1 (Ecke Liebenberggasse). Seilerstätte 1 wurde im Zuge des Umbaus des Palais Coburg abgetrennt (als eigene EZ) und aufgestockt (Arch. Echerer).
- Dehio-Beschreibung (Zusammenfassung):
Ehem. Coburg-Palais. Bedeutendes spätklassizistisches Palais mit bemerkenswerter Innenausstattung des frühen Strengen Historismus und für Wien singulären, in ihren Dimensionen beeindruckenden Resten einer Bastei. Erb. 1839-45 nach Plänen von Karl Schleps und Friedrich Korompay.
- Literatur:
Dehio, 2003, S. 318ff.

Palais Equitable (ehem.), Stock-im-Eisen-Platz 3, Dehio S. 339ff. (Monumentalbau)
- BDA: seit vielen Jahren laufendes Verfahren (viele unterschiedliche Eigentümer) (Stand 2006)

Palais Eschenbach, Eschenbachgasse 9-11, Gebäude des Österr. Ingenieur- und Architektenvereins und des Österreichischen Gewerbevereins, Dehio S. 678
- Dehio-Beschreibung: Bedeutender strenghistorischer Bau in der Nachfolge Theophil von Hansens, erb. 1870-72 von Otto Thienemann. Bemerkenswerte Innenausstattung
- BDA: noch nicht untersucht bzw. kein laufendes Verfahren (Stand 2006)

Palais Herberstein (ehem.), Michaelerplatz 2, ehem., Dehio S. 771
- Ehem. Herberstein-Palais: Erb. 1895-97 von Carl König. Eines der Hauptwerke des Architekten, späthistoristisches Zinspalais mit neobar. Formen zur Front des Michaelertraktes [der Hofburg] in unmittelbarer Konkurrenz stehend.
- BDA: noch nicht untersucht bzw. kein laufendes Verfahren (Stand 2006)

Palais Herberstein (ehem.), Michaelerplatz 2, Dachaufbau und Ausbau, ca. 1999
- nicht unter Denkmalschutz
- Dominanter Dachaufbau und Ausbau im Jahr 1999. Wenn man vom Hochhaus in der Herrengasse (Nr. 6-8) auf die Rückseite des Hauses blickt, ist die Massivität dieses Eingriffes besonders deutlich erkennbar.
- Dehio-Beschreibung (Zusammenfassung):
Ehem. Herberstein-Palais: Erb. 1895-97 von Carl König. Eines der Hauptwerke des Ar-

chitekten, späthistoristisches Zinspalais mit neobar. Formen zur Front des Michaelertraktes [der Hofburg] in unmittelbarer Konkurrenz stehend.
– Literatur:
Dehio, 2003, S. 771

Palais Liechtenstein (Stadtpalais), Bankgasse 9, Minoritenplatz 4 [9], Dehio S. 503-507 (Monumentalbau)
– BDA: noch nicht untersucht bzw. kein laufendes Verfahren (Stand 2006)

Palais Montenuovo (ehem.), Strauchgasse 1-3, Dehio S. 873, Bemerkenswerter frühhistoristischer Bau, erb. 1849-52 von Josef Winder
– BDA: noch nicht untersucht bzw. kein laufendes Verfahren (wohl kein § 2 ?; Stand 2006)

Palais Ofenheim (ehem.), Schwarzenbergplatz 15, Dehio S. 534 (Monumentalbau)
– BDA: noch nicht untersucht bzw. kein laufendes Verfahren (wohl kein § 2 ?) Stand 2006

Palais Palffy, Wallnerstraße 6, neue Hofverbauung
– unter Denkmalschutz seit 1924
– 5geschossige Hofverbauung des ursprünglich 2stöckigen, bedeutenden Palais.
(2006-2007 Wiederaufnahme der Bauarbeiten des aus den 1990er Jahren stammenden Rohbaues, damals noch 4geschossig). Letzter Denkmalschutz-Bescheid von 1999: 3 Stiegenhäuser Abbrüche, Gewölbe
– Dehio-Beschreibung (Zusammenfassung):
Bedeutendes Bauwerk des Klassizismus in Wien (erb. 1809-13 von Charles Moreau). 1921 Totalumbau. Dachstuhl im Vorder- und re. Seitentrakt erhalten.
– Literatur:
Dehio, 2003, S. 541f., Monumentalbau

Palais Rothschild (ehem.), Renngasse 3, Teilentkernung, 1999-2000
– laut mündlicher Auskunft bei Umbau nicht unter Denkmalschutz
– Großteilige Entkernung (1999-2000) im mittleren Bereich des Hauses. Völliger Abriss des Kassensaales
– Dehio-Beschreibung (Zusammenfassung):
Frühhistoristisches Palais (erb. 1847 von Ludwig Förster). Bemerkenswerte Fassade. Im Inneren weitgehende Neugestaltung, 1999-2000 (Gläsernes Stiegenhaus), unter Einbeziehung älterer Substanz.
– Literatur:
Dehio, 2003, S. 802

Palais Schwarzenberg, Rennweg 2, Gartenverbauung
– Garten (noch?) nicht unter Denkmalschutz
– Gästeappartements (25 neue „Bungalowsuiten" á 40-45m^2) werden an Stelle von bestehenden Glashäusern inmitten des barocken Parks errichtet. Geplante Fertigstellung: 2007.

---

[9] Dem Vernehmen nach umfasst die Exterritorialität (Botschaft des Fürstentum Liechtenstein) nur das benachbarte Objekt in der Löwelstraße 8, sodass einer möglichen Unterschutzstellung nichts im Wege steht.

Ursprünglich wurde seitens der MA 21 die nötige Bewilligung für das als Parkschutzgebiet gewidmete Areal verweigert. [10]
- Der Garten des Palais Schwarzenberg gehört zu den 56 für den Denkmalschutz vorgesehenen historischen Gartenanlagen in Österreich. Er steht – wie auch der Garten des Schloß Belvedere und des Schlossparks Schönbrunn (alle Teil des Wiener Weltkulturerbes) – bis heute nicht rechtskräftig unter Denkmalschutz (Stand 2006). [11]
- Dehio-Beschreibung (Zusammenfassung):
Ausgedehnte Gartenanlage, gleichzeitig mit dem Palais von Jean Trehet geplant, nach Plänen von Joseph Emanuel Fischer von Erlach 1729 vollendet. In mehreren Terrassen gegliederte Anlage, im Parterre Statuengruppen von Lorenzo Mattielli, 1. V. 18. Jh. 1783 teilweise Umgestaltung zum englischen Garten.
- Literatur:
Dehio, 1992, S. 94ff.
Stadtbildverluste Wien, 2004, S. 15
- Zeitungsartikel:
Die Presse, Palais Schwarzenberg: Sacher darf ausbauen – wir nicht, 25.11.2003
Die Presse, Hotellerie: Schwarzenberg darf doch ausbauen, 20.07.2004
Die Presse, Glas-Hotel. Das Palais Schwarzenberg..., 16.12.2004
Die Presse, Palais Schwarzenberg: Kampf Alt gegen Neu, 31.12.2004

Palais Wertheim (ehem.), Schwarzenbergplatz 17, Dehio S. 613 (Monumentalbau)
- BDA: noch nicht untersucht bzw. kein laufendes Verfahren (wohl kein § 2?; Stand 2006)

Petersplatz 7, Dachausbau
- während Dachausbau nicht unter Denkmalschutz, danach laufendes Denkmalschutzverfahren
- Deutlich sichtbarer Dachausbau am Petersplatz direkt neben der Peterskirche, 2006 in Bau.
- Dehio-Beschreibung (Zusammenfassung):
Im Kern bis in das Spätmittelalter zurückreichend (Keller), 1710 weitgehender Umbau, monumentale palaisartige Fassade 2. V. 18. Jh. Im Inneren großteils verändert, im Erdgeschoß teilweise Platzlgewölbe.
- Literatur:
Dehio, 2003, S. 790f.

Ringstraße, Mobiliar wird modernisiert
- nicht unter Denkmalschutz
- Kopien historischer Litfasssäulen werden abgetragen, Kopien historischer Laternen werden neu aufgestellt, die Originale kommen zum Alteisen, um 2005-2006
- Literatur:

---

[10] Die Presse, Schwarzenberg: Sacher darf ausbauen – wir nicht, 25.11.2003
[11] Wobei sich die Frage stellt, ob nicht alle 56 historische Gärten seit dem Jahr 2000 mit Inkrafttreten der Verfassungsbestimmung bereits rechtskräftig unter Denkmalschutz stehen. Faktum ist, dass das Denkmalamt anders agiert und eigene Unterschutzstellungsverfahren einleitet.

Martin Kupf dazu in der Zeitschrift Steine Sprechen, Nr. 131, Dez. 2005 (Hrsg. Österreichische Gesellschaft für Denkmal- und Ortsbildpflege).
- Zeitungsartikel:
Kronen Zeitung, Litfaßsäule ist eineinhalb Jahrhunderte alt geworden – nun wird sie in Wien modernisiert: „Erleuchtung" kommt zum 150. Geburtstag, 04.11.2005

Ronacher, Seilerstätte 9, Dachaufbau
- unter Denkmalschutz
- Das Dach des Hauses wurde 2stöckig ausgebaut. Der Entwurf des Siegerprojektes (Arch. Günter Domenig) sieht eine rund 100 Personen fassende Probebühne im Dachausbau vor, das Glasdach darüber kann aufgeklappt werden. Der Dachausbau soll genau den Vorgaben des Bundesdenkmalamtes entsprechen. Es soll exakt jene Ausmaße haben, die auch das 1884 abgebrannte, danach nicht mehr in der ursprünglichen Größe wiederaufgebaute Dach einnahm.[12]
- Dehio-Beschreibung (Zusammenfassung):
Theaterbau des Strengen Historismus mit Tempelfassade und Eckauswinkelung mit eingestelltem, zylindrischen Baukörper. Innenausstattung des 3. Rokoko mit bedeutendem Auditorium. Erb. 1871/72 von Ferdinand Fellner d. Ä. als Wiener Stadttheater. 1884 ausgebrannt. 1887-88 Umbau zum „Konzert- und Ballhaus Ronacher" (Varietetheater) durch F. Fellner d. J. und Hermann Helmer. 1992/93 Generalsanierung unter Luigi Blau.
- Literatur:
Dehio, 2003, S. 570-573
- Zeitungsartikel:
Die Presse, Sanierung Ronacher: Neue Freiluftbühne im ausgebauten Dach, 22.06.2005
Kurier, Vom Etablissement zum modernen Theater, 18.09.2005

Schloss Belvedere, Hauptbahnhofverbauung
- Beeinträchtigung des Schlosses samt Park droht
- direkt an Grenze zur Kernzone des Weltkulturerbes, aber nicht in Pufferzone gelegen
- Der Masterplan für den neuen „Bahnhof Wien – Europa Mitte" auf dem jetzigen Südbahnhofareal wurde im Dezember 2004 beschlossen. Dabei soll das Areal des Südbahnhofes am Wiedner Gürtel mit zahlreichen (bis zu 100 Meter hohen) Hochhäusern verbaut werden. Somit besteht die Gefahr, dass das Erscheinungsbild des in unmittelbarer Nähe befindlichen Schloß Belvedere, inmitten der Kernzone des UNESCO-Weltkulturerbes Wien gelegen, beeinträchtigt wird. (Die Gebäudehöhen sind laut bei der Masterplanpräsentation vorgelegten Unterlagen: 35, 60, 80 und 100 Meter). Im März 2006 wurden neue Pläne präsentiert, die jetzt doch mehr auf das Weltkulturerbe bedacht nehmen sollen (ein 60m Hochhaus um 5 Meter niedriger, ein Hochhaus wird verschoben). Wie weit diese Pläne nun wirklich Weltkulturerbe verträglich sind, sodass die UNESCO dies akzeptiert, muss offen bleiben. Bei einem Lokalaugenschein im April 2008 hat der ICOMOS-International Präsident Michael Petzet (ICOMOS berät die UNESCO in Weltkulturerbefragen) auf jeden Fall seine Befürchtung geäußert, dass die visuelle Intaktheit des Belvedere-Schlosses und -Parks durch die geplanten Türme zerstört werden würde.

---

[12] Die Presse, Sanierung Ronacher: Neue Freiluftbühne im ausgebauten Dach, 22.06.2005

- Medienmeldungen:
  APA-OTS, Stadtentwicklung rund um den neuen Bahnhof Wien – Europa Mitte, 19.07.2004
  APA-OTS, Schicker: Positiver Startschuss für neuen Bahnhof Wien, 19.07.2004
  APA-OTS, Ausstellung Masterplan Bahnhof Wien – Europa Mitte, 18.10.2004
  Presseaussendung der Österreichischen Gesellschaft für Denkmal- u. Ortsbildpflege, 09.02.2005
  Die Österr. Ges. f. Denkmal- u. Ortsbildpflege warnt: Geplante Südbahnhof-Verbauung keinesfalls Weltkulturerbe-verträglich! (vgl. www.denkmal-ortsbildpflege.at)
  APA-OTS, Bahnhof Wien: Ungetrübter Blick auf's Belvedere, 07.10.2005
  Die Presse, Elf Hochhäuser für neue Bahnhof-City, 15.03.2006
  Wiener Zeitung, Türme müssen korrigiert werden, 26.04.2008

Schönlaterngasse 13, Dachaufbau, 2007
- Teilweise unter Denkmalschutz
- Im Februar 2006 erfolgte die Genehmigung eines viergeschossigen Ausbaus des Dachgeschosses. Mit allen möglichen Tricks wurde gearbeitet, um auf diese Höhe zu kommen, meint ein Architekt und Bezirksrat. So sei der übliche Gang, den Bezirks-Bauausschuss mit der Materie zu befassen, in diesem Fall nicht eingehalten worden. Und der ausführende Architekt hat in der Bauoberbehörde des Rathauses über das Projekt mitabgestimmt, was unvereinbar ist, woraufhin er wenige Monate später seine Funktion in der Bauoberbehörde zurückgelegt hat. Auch das Denkmalamt zeigte sich alles andere als glücklich. Hier wurde eine intakte Dachlandschaft zerstört. Das Denkmalamt hatte nur den vorderen Teil des Gebäudes unter Denkmalschutz gestellt.
- Dieses Objekt im alten Universitätsviertel – bekanntlich eines der bedeutendsten zusammenhängenden Bauensembles der Wiener Innenstadt – liegt in unmittelbarer Nähe des Heiligenkreuzerhofes und des Jesuitenkollegs. Gerade in diesem Viertel wurde in der Vergangenheit bei Dachausbauten großteils Zurückhaltung geübt.
- Dehio-Beschreibung (Zusammenfassung):
  Strenghistoristisches Miethaus (erb. 1880), pilastergegliedertes Foyer und Treppenpodeste mit orig. Terrazzoböden.
- Literatur:
  Dehio, 2003, S. 830
  Steine Sprechen, Nr. 131, Dez. 2005, Seite 7f.
  Wiener Zeitung, Bauskandal in schönster Gasse, 17.10.2007
  Wiener Zeitung, Vierfach-Ausbau ohne Denkmalamt und Bezirk, 18.10.2007
  Wiener Zeitung, Bauskandal in City weitet sich aus, 12.03.2008

Schubertring 2 (Johannesg. 18), Dachausbau, Teilentkernung, 1999-2000
- war nicht unter Denkmalschutz, danach laufendes Verfahren
- An der Ringstraße gelegener, sichtbarer Dachausbau nahe Stadtpark gelegen, zusätzlich illegal eine etwa 20m^2 große Box aufgesetzt. „Die Baupolizei schließt eine nachträgliche Bewilligung nicht aus. (...) Es gibt einen Antrag der Eigentümer auf nachträgliche Bewilligung. Das wird derzeit geprüft" (Die Presse, 2004)

- Dehio-Beschreibung (Zusammenfassung):
Frühhistoristisches Eckhaus in Formen der Neu-Wiener-Renaissance (erb. 1864, Johann Romano)
- Literatur:
Dehio, 2003, S. 733
- Tageszeitungen:
Die Presse, Illegaler Aufbau auf Ringstraßen-Palais, 10. Mai 2004

Schulerstraße 11 (Wollzeile 16), Dachaufbau 2004
- nicht unter Denkmalschutz
- Dominanter Dachaufbau seit 2004 (genau in der verlängerten Achse der Grünangergasse gelegen und somit deutlich zu sehen, ebenso die Seitenansicht von der Schulerstraße), Architekt: Georg Reinberg.
- Dehio-Beschreibung (Zusammenfassung):
Das späthistoristische Wohn- u. Geschäftshaus wurde 1914 erbaut (Arch. Alois Augenfeld). Es weist nach Kriegsschäden eine reduzierte Fassadengestaltung auf (nur noch Dekor im Attikageschoss).
- Literatur:
Dehio, 2003, S. 910 (Wollzeile 16)
Draufsetzen – 19 Dachausbauten realisiert/projektiert, Katalog der Initiativausstellung der Gebietsbetreuung 16 im Auftrag der MA 25 und MA 19, S. 46-49, vgl. auch http://www.wien.gv.at/stadtentwicklung/draufsetzen
- Zeitungsartikel:
Die Presse, Sprungschanze stört Blick zum Steffl, 16.04.2004

Schwarzenbergplatz, Verlust der historischen Straßenmöblierung, 2002
- nicht unter Denkmalschutz
- Man hat sich von den ursprünglichen Restaurierungsvorhaben gänzlich abgewandt und den Platz umfassend modernisiert ohne auf den historischen Charakter des Platzes einzugehen, der in dieser geschlossenen Form ein rares Beispiel der Wiener Ringstraßenepoche darstellt. Alle historischen an den Gehsteigrändern stehenden 19 Lichtmaste wurden entfernt. Der Schwarzenbergplatz war bis vor kurzem der einzige Bereich der Ringstraße, innerhalb dessen die (veränderten) Lichtmaste von 1904 noch in größerer Zahl vorhanden waren und (bis auf zwei) auf ihren originalen Standorten stehen.
- Noch im Jahr 1991-1993 wurde in einem Arbeitskreis der MA19 („Möblierung im städtischen Raum") ein Leitbild für die Straßen- und Platzgestaltung erarbeitet, das die Erhaltung des historischen Charakters zum Ziel hatte. Stilistisch nicht passende Elemente sollten entfernt werden. Nur dort, wo keine historischen Vorbilder gegeben waren, sollte das Mobiliar durch zeitgemäße Elemente ersetzt werden.
- Dehio-ÖKT-Beschreibung (Zusammenfassung):
Der Schwarzenbergplatz ist eine klar begrenzte, in sich geschlossene Einheit und kann zu den wichtigsten Leistungen des so genannten strengen Historismus gezählt werden. Er gehört zu den repräsentativen Erweiterungen der Wiener Ringstraße (ÖKT). 2002-04 Neugestaltung nach Plänen von Alfredo Arribas mit neuem Verkehrs- und Beleuchtungssystem (Dehio, 2003).

- Literatur:
  Steine Sprechen, Projekt „Vienna Limelight", Nr. 123, Februar 2002
  Dehio, 2003, S. 845
  Dehio, 1993, S. 129
  Österreichische Kunsttopograhie (ÖKT), 1980, S. 152f.

Tuchlaubenhof, Tuchlauben, 7-7a, Dehio S. 882
- Erb. 1912 von Ernst Spielmann und Alfred Teller, bemerkenswerter Neubau
- BDA: noch nicht untersucht bzw. kein laufendes Verfahren (Stand 2006)

Volksgartenstraße 3, Dachaufbau, ca. 2001
- Teilweise unter Denkmalschutz
- Dominanter, mehrgeschossiger Dachaufbau auf Gründerzeithaus, ca. 2001.
- Dehio-Beschreibung (Zusammenfassung):
  Erb. 1870-72 von Carl Schumann. Bemerkenswerter strenghistoristischer Freikomplex (zw. Hansen-, Volksgarten-, Museum-, Bellariastr.). Einheitliche Fassaden in Formen der Neu-Wiener-Renaissance.
- Literatur:
  Dehio, 2003, S. 717 (Hansenstraße 1-5)

Wipplingerstraße 28, Stadtschulrat, Teilentkernung 1999-2001
- unter Denkmalschutz (seit 1981)
- Zwischen 1999 und 2001 adaptierte die Bundesimmobiliengesellschaft (BIG) den Bau für Zwecke des Stadtschulrates für Wien (Architekt: Herbert Bohrn). „Das Innere des Baues ist nach mehreren Umbauten nur mehr rudimentär im ursprünglichen Zustand erhalten geblieben."[13] 1999-2001 Adaptierungen für den Wiener Stadtschulrat (Dehio). Im Zuge dieser Adaptierungen weitgehende Entkernung.
  Dem Vernehmen nach gibt es keinen Akt im Denkmalamt über den Umbau.
- Dehio-Beschreibung (Zusammenfassung):
  Erb. 1880-83 von Friedrich Schachner. Mächtiges späthistoristisches Eckhaus in neomanieristischen Formen. 1999-2001 Adaptierungen für den Wiener Stadtschulrat
- Literatur:
  Dehio, 2003, S. 905f.
  Andreas Nierhaus, Das Gebäude des Stadtschulrates für Wien und sein Architekt Friedrich Schachner, Hrsg. Stadtschulrat für Wien (verantwortlich Dr. Eleonora Rieser, Präsidialabteilung), Wien, 2005

Wipplingerstraße 30, Janushof, Entkernung 2001-2002
- nicht unter Denkmalschutz
- Im Zuge der Renovierung 2001-2002 erfolgte eine Totalentkernung des Gebäudeinneren. Nur im Eingangsbereich noch Reste der urprünglichen Gestaltung vorhanden.
- Dehio-Beschreibung (Zusammenfassung):
  Erb. 1879 von Donat Zifferer. Neoklassizistische Fassadengestaltung 1913 von Ernst Epstein. Umbau inkl. Dachausbau und Renov. 2001/02

---

[13] Andreas Nierhaus, Das Gebäude des Stadtschulrates für Wien und sein Architekt Friedrich Schachner, Hrsg. Stadtschulrat für Wien (verantwortlich Dr. Eleonora Rieser, Präsidialabteilung), Wien, 2005

- Literatur:
Dehio, 2003, S. 907

Wipplingerstraße 33, siehe Erörterung im Text

Wollzeile 13, Dachaufbau
- unter Denkmalschutz
- Seit 2002 im Eigentum der Generali Gruppe. Die ursprünglich für 2003 geplante Fassadensanierung [14] lässt noch immer auf sich warten. Dem Vernehmen nach wird die Renovierung des Hauses mit einer Bewilligung für einen Dachausbau junktimiert.
- Dehio-Beschreibung (Zusammenfassung):
„Zum römischen Kaiser": Bemerkenswertes palaisartiges barockes Eckhaus mit reichem Fassadendekor und 2geschossigem Turmaufsatz (erb. 1712)
- Literatur:
Dehio, 2003, S. 909f.
APA-OTS-Aussendung, Generali-Immobilien über 1 Mrd. Euro, 12.03.2003

---

[14] vgl. APA-OTS-Aussendung, Generali-Immobilien über 1 Mrd. Euro, 12.03.2003 (www.ots.at)

Stadtbildverluste

Dieter Klein; Martin Kupf; Robert Schediwy
Stadtbildverluste Wien
Ein Rückblick auf fünf Jahrzehnte
Wien begeistert mit seiner Architektur. Der Glanz der historischen Gebäude läßt den Gedanken an Abbruch und Bausünden abwegig erscheinen. Doch sind die Bahnhöfe ohne Flair, nüchterne Zweckbauten der 50er Jahre. Und viele Wiener wissen um den Verlust wertvoller Baudenkmäler. Auch in Wien ist der Modernisierung geopfert worden: So manches Theater und selbst das Stadtbild prägende Kirchen sind verschwunden. Der vorliegende Band zeichnet diese Stadtbildverluste nach. Und setzt sich mit aktuellen Fragen auseinander: der Deklaration der Wiener Innenstadt als Weltkulturerbe, der Diskussion um das Projekt „Wien-Mitte" und aktuelle Themen wie Dachausbauten, Straßenmöblierung, Novellierung des Denkmalschutzgesetzes und der Wiener Bauordnung im Sinne der Investoren. Ein Orts- und Adressenregister schließt die erweiterte Neuauflage dieses Standardwerks ab.
Bd. 1, 2005, 360 S., 19,90 €, br., ISBN 3-8258-7754-x

Sachbuch Wissenschaft

Robert Schediwy
Städtebilder
Reflexionen zum Wandel in Architektur und Urbanistik
Mit Städten verbinden wir Bilder. Der Autor blickt hinter das uns allen Vertraute. Faszinierende Fragen stellen sich: Darf man Kathedralen wie Gaudis Sagrada Familia „fertigbauen"? Sind New Yorks Art Deco-Hochhäuser einfach Produkt einer Abtreppungsvorschrift der Bauordnung? Was sagen uns die Sportheroen von Mussolinis Foro Italico über den „faschistischen Menschen"? Wie kam es zum Untergang und zur Wiederauferstehung von Moskaus Christ-Erlöser-Kathedrale? Wo liegen die städtebaulichen Chancen und Risken der heute beliebten Umgestaltungen alter Hafenanlagen? Wieso erhob sich schon gegen den Bau des Petersdoms in Rom eine „Bürgerinitiative"? Wie funktional ist die Transparenzmode der Architektur seit 1990? Ein eigener Abschnitt ist den Wiener Stadtbildveränderungen der jüngsten Vergangenheit gewidmet, erzählt aber auch von Projekten, die Wien erspart geblieben sind.
Bd. 4, 2005, 400 S., 19,90 €, br., ISBN 3-8258-7755-8

LIT Verlag Berlin – Münster – Wien – Zürich – London
Auslieferung Deutschland / Österreich / Schweiz: siehe Impressumsseite

Stadtbildverluste

Thomas Mally; Robert Schediwy
Wiener Spurensuche
Verschwundene Orte erzählen
Wenn man aufmerksam durch Wien spaziert, stößt man immer wieder auf Spuren der Vergangenheit. Viele Wiener wissen noch, woher Rotundenallee, Zahnradbahngasse oder Filmteichstraße ihre Namen haben, aber die Ursprünge der Tiergarten- und der Vivariumstraße im Prater, der Hetzgasse, des Stuwerviertels oder der Thaliastraße sind nur mehr Spezialisten bekannt. Die Autoren dieses Buches sind den Spuren von Gebäuden, Plätzen, Personen und Ereignissen gefolgt, deren Nachhall heute noch in Wien zu spüren ist, und präsentieren die Ergebnisse ihrer Recherchen in lockerer Reihenfolge mit gelegentlichen anekdotischen Einschüben. Dabei geht es nicht nur um die Schicksale von Gebäuden und Orten, sondern ebenso um die Menschen, die mit ihnen in Verbindung standen.
Bd. 2, 3. Aufl. 2007, 160 S., 7,90 €, br., ISBN 978-3-8258-8633-2

LIT Verlag Berlin – Münster – Wien – Zürich – London
Auslieferung Deutschland / Österreich / Schweiz: siehe Impressumsseite